高等职业教育新业态新职业新岗位系列教材

汽车综合故障诊断与排除

罗文华　黄晶晶　蒋淑英　主　编
汤　宝　李雅洁　高　培　苏　奕　副主编

电子工业出版社
Publishing House of Electronics Industry
北京·BEIJING

内 容 简 介

《汽车综合故障诊断与排除》按照故障诊断流程对汽车常见的七类故障进行了详细的讲解，包括起动机不转的故障检修、起动机运转而发动机不能起动的故障检修、发动机怠速异常的故障检修、发动机加速不良的故障检修、灯光系统异常的故障检修、后视镜异常的故障检修、车窗异常的故障检修。

本书规范了汽车故障诊断思维，细化了技术细节，引导学生在具体的汽车故障诊断过程中进一步掌握汽车的整车结构和控制原理，指导学生学会使用各种汽车故障诊断设备，培养学生将理论知识和实际相结合的意识，使其掌握排除汽车故障的技能。

本书可作为高职院校汽车检测与维修技术专业的教材，也可作为相关从业人员的参考书。

未经许可，不得以任何方式复制或抄袭本书之部分或全部内容。
版权所有，侵权必究。

图书在版编目（CIP）数据

汽车综合故障诊断与排除 / 罗文华，黄晶晶，蒋淑英主编. —北京：电子工业出版社，2024.1
ISBN 978-7-121-46947-3

Ⅰ. ①汽… Ⅱ. ①罗… ②黄… ③蒋… Ⅲ. ①汽车－故障诊断－高等学校－教材②汽车－故障修复－高等学校－教材 Ⅳ. ①U472.4

中国国家版本馆 CIP 数据核字（2023）第 248446 号

责任编辑：王昭松
印　　刷：北京瑞禾彩色印刷有限公司
装　　订：北京瑞禾彩色印刷有限公司
出版发行：电子工业出版社
　　　　　北京市海淀区万寿路 173 信箱　　邮编：100036
开　　本：787×1092　1/16　印张：9.75　字数：238 千字
版　　次：2024 年 1 月第 1 版
印　　次：2024 年 1 月第 1 次印刷
定　　价：49.00 元

凡所购买电子工业出版社图书有缺损问题，请向购买书店调换。若书店售缺，请与本社发行部联系，联系及邮购电话：（010）88254888，88258888。

质量投诉请发邮件至 zlts@phei.com.cn，盗版侵权举报请发邮件至 dbqq@phei.com.cn。
本书咨询联系方式：（010）88254015，wangzs@phei.com.cn，QQ83169290。

前　言

近几年，我国汽车工业快速发展，在汽车设计、制造及售后服务等方面，国内汽车企业与发达国家汽车企业的差距正在缩小。随着汽车技术、材料及工艺的不断发展，汽车整车的结构、原理及故障诊断与维修等内容也在不断变化。为使课程内容与职业标准对接，编者通过对汽车技术服务企业的技术骨干进行走访、调研，确定了典型岗位和对应的典型工作任务，并依据典型工作任务构建课程体系。本书以企业真实工作过程为导向，对接岗位能力的需求，形成可评、可测的教学内容，以便实施课程一体化教学，按接收任务、收集信息、制订计划、任务实施、过程检查、反馈总结六个步骤展开，并设置考核标准量化的技能考核点，以便学生掌握基本技能。

本书根据"三教"改革要求，特别强调适岗性、自主性和新颖性，具体体现在如下方面。

1. 融入"课程思政"元素

为落实"立德树人"的根本任务，本书在课程设计中有机融入思政元素、劳动教育等内容，以培育学生自主学习的能力、精益求精的工匠精神和爱岗敬业的劳动态度。

2. 突出"岗课赛证"融合

为贴近汽车技术服务岗位职业技能（汽车诊断、维修及保养维护等），本书中所有检测数据均源于实车的真实数据，并且参照教育部颁发的汽车检测与维修技术专业教学标准（2022年修订），以及汽车运用和维修"1+X"证书的相关要求，对接全国技能大赛"汽车故障检修"赛项赛点，力求做到"岗课赛证"相融合。

3. 微课主导教学过程

为突出以学生为中心、以能力为本位的教育理念，本书的每个教学任务配有对应的微课二维码，分别链接每一个典型工作任务的规范操作视频，便于学生自主学习。

为了确保教材的编写质量，本书由具有一线工作经验的企业技术骨干和具备"双师素质"的"双高"院校的教师团队编写。本书由盐城工业职业技术学院的罗文华、黄晶晶、蒋淑英担任主编，盐城工业职业技术学院的汤宝与李雅洁，江苏悦达起亚汽车有限公司的高培与苏奕担任副主编，景科、李杰成、黄于刚参与了资料搜集、数据采集、文稿整理及其他相关工作，在此对他们表示衷心的感谢。

除了微课和在线课程，本书还提供其他形式的教学资源，包括PPT、电子教案、测试题等，请有需要的读者登录华信教育资源网（www.hxedu.com.cn）注册后免费下载。

由于编者经验有限，本书中的诊断流程、测试数据等可能存在疏漏，请使用本书的师生提出宝贵意见，以便编者在本书今后的修订中进行补充和改进。

编　者

目 录

项目一 起动机不转的故障检修 ··· 1

  任务一 起动系统电路认知 1 ··· 1
  任务二 起动系统电路认知 2 ··· 7
  任务三 仪表灯不亮故障诊断与检修 ·· 9
  任务四 起动继电器故障诊断与检修 ······································ 14
  任务五 发动机控制单元供电故障诊断与检修 ························· 19
  任务六 发动机控制单元 15 电信号故障诊断与检修 ················· 26
  任务七 起动机电磁开关控制电路故障诊断与检修 ··················· 33
  任务八 起动机主电路故障诊断与检修 ··································· 37

项目二 起动机运转而发动机不能起动的故障检修 ····················· 42

  任务一 发动机点火控制电路分析 ·· 42
  任务二 发动机燃油电路分析 ·· 47
  任务三 点火线圈供电故障诊断与检修 ··································· 55
  任务四 燃油泵控制单元供电故障诊断与检修 ························· 60
  任务五 燃油泵控制单元供油信号故障诊断与检修 ··················· 64

项目三 发动机怠速异常的故障检修 ·· 68

  任务一 点火线圈故障诊断与检修 ·· 68
  任务二 火花塞故障诊断与检修 ·· 73
  任务三 喷油器电路故障诊断与检修 ······································ 76

项目四 发动机加速不良的故障检修 ·· 81

  任务一 节气门电机电路故障诊断与检修 ······························· 81
  任务二 燃油压力调节阀控制电路故障诊断与检修 ··················· 86
  任务三 发动机部件供电继电器控制电路故障诊断与检修 ········· 89
  任务四 发动机部件供电继电器自身故障诊断与检修 ··············· 94

项目五 灯光系统异常的故障检修 ·· 100

  任务一 灯光系统应急保护运行模式分析 ······························ 100

  任务二 小灯不亮故障诊断与检修 …………………………………………… 104

  任务三 小灯开关电路故障诊断与检修 ………………………………………… 108

  任务四 组合灯不亮故障诊断与检修 …………………………………………… 112

项目六 后视镜异常的故障检修 ……………………………………………………… 120

  任务一 后视镜不能上下调节故障诊断与检修 ………………………………… 120

  任务二 后视镜调节混乱故障诊断与检修 ……………………………………… 125

  任务三 后视镜不能调节故障诊断与检修 ……………………………………… 130

项目七 车窗异常的故障检修 …………………………………………………………… 135

  任务一 主控开关不能控制后车窗故障诊断与检修 …………………………… 135

  任务二 右侧车门所有电器失效故障诊断与检修 ……………………………… 139

  任务三 右侧车窗玻璃不能升降故障诊断与检修 ………………………………… 143

参考文献 …………………………………………………………………………………… 150

项目一

起动机不转的故障检修

学习目标

完成本项目的学习任务后,能够:
(1)叙述汽车起动系统的功能作用及结构原理。
(2)根据整车电路绘制出汽车起动系统的工作简图,并分析其控制原理。
(3)查找汽车起动系统相关元件的安装位置。
(4)进行汽车检修前的准备工作。
(5)根据故障现象和查阅资料获取的信息,分析故障原因,并在教师的指导下制定故障诊断方案,完成故障诊断流程的编制。
(6)在教师的指导下,以小组合作的方式,按照拟定的流程和规范操作的要求诊断与排除起动机不转的故障。
(7)对工作任务的完成情况进行正确评估和反思,制定其他相关故障的诊断流程并实施。

建议学时

16 学时

任务一 起动系统电路认知 1

知识目标

(1)掌握迈腾 B7 起动系统的组成。
(2)掌握迈腾 B7 起动系统各元件在实车上的安装位置。
(3)掌握迈腾 B7 起动电路原理。

⚒ 能力目标

（1）根据迈腾 B7 发动机维修手册，能在实车上找到迈腾 B7 起动系统各元件的安装位置，准确率达到 100%。

（2）根据迈腾 B7 发动机维修手册，能绘制出起动电路简图，不得多线、漏线，准确率达到 100%。

（3）能自主准确地分析迈腾 B7 起动电路原理。

❤ 素质目标

（1）通过绘制电路图环节，培养学生细致严谨、精益求精的工作态度。

（2）通过分析电路原理环节，帮助学生获得职业认同感、提升职业素养、树立职业自信心。

（3）强化爱国主义教育，激励学生努力学习，为国家工业发展贡献力量。

⚖ 重点难点

重点	难点
根据迈腾 B7 发动机维修手册，能绘制出起动电路简图，不得多线、漏线，准确率达到 100%	能自主准确地分析迈腾 B7 起动电路原理

知识准备

1. 迈腾 B7 起动系统的组成

迈腾 B7 起动系统主要由蓄电池、起动机、起动继电器 J682、起动继电器 J710、车载电网控制单元 J519、发动机控制单元 J623、保险丝 SC10、保险丝 SB30 等组成，如图 1-1 所示。

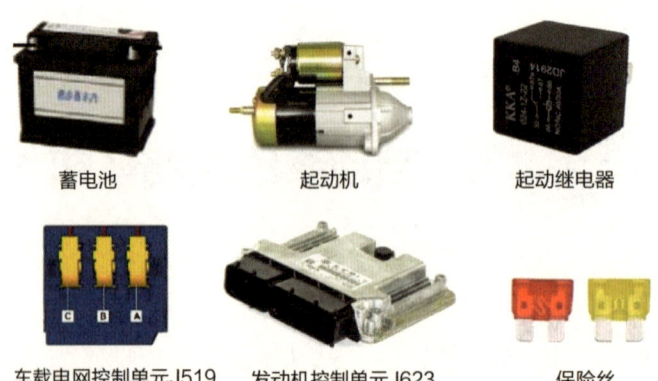

图 1-1　迈腾 B7 起动系统的组成

2. 迈腾 B7 起动电路原理分析

迈腾 B7 起动电路如图 1-2 所示。

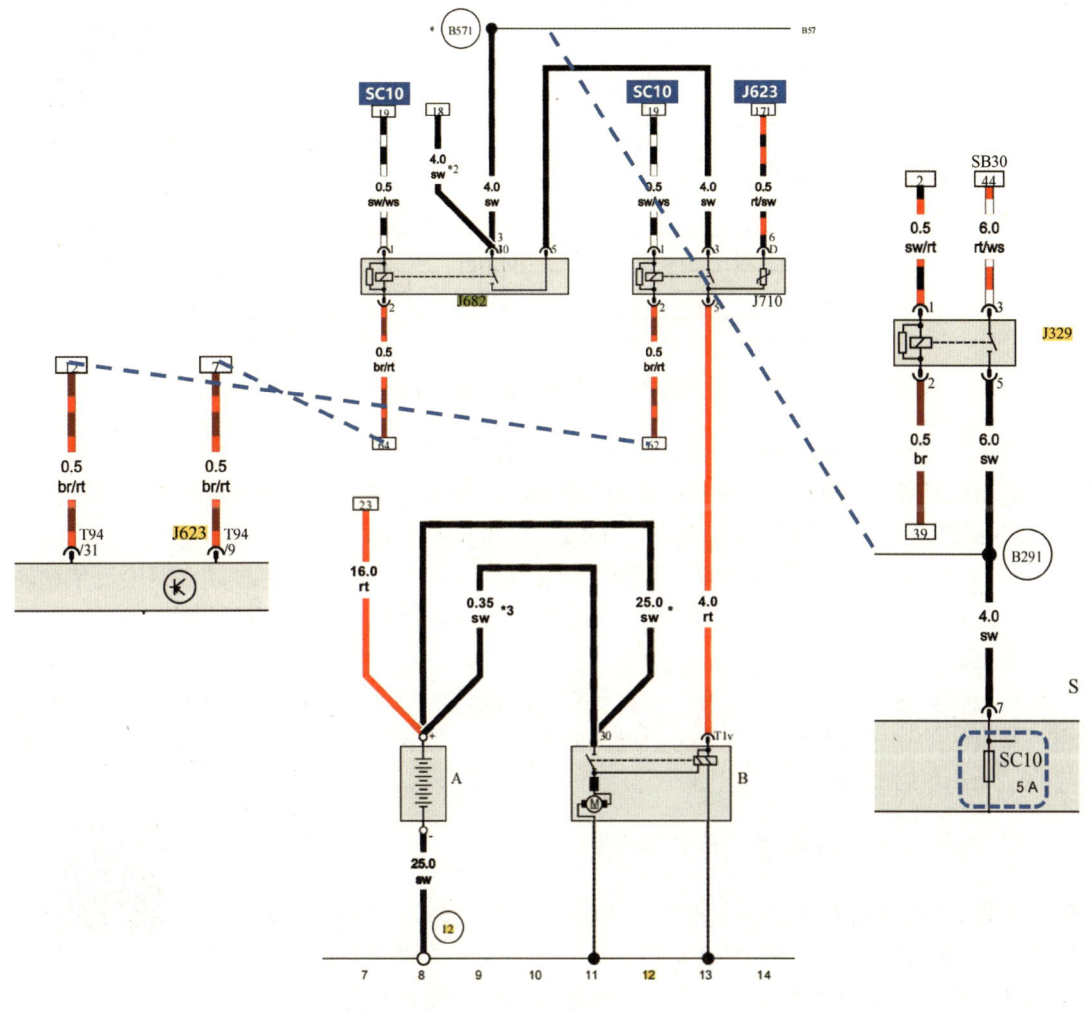

图 1-2　迈腾 B7 起动电路

迈腾 B7 起动电路分为主电路和控制电路。

主电路回路：首先由蓄电池正极到起动机 30 端，然后通过起动机电磁开关触点到起动机 M，接着到起动机壳体，最后通过车架搭铁到蓄电池负极形成回路。

控制电路回路：电流从 SB30 出来，首先依次通过 J329 的触点、J682 的触点、J710 的触点，然后到起动机电磁开关接线柱，通过电磁开关线圈，最后到起动机壳体，通过车架搭铁回到蓄电池负极形成回路。

基于迈腾 B7 起动电路简图（见图 1-3）可以分析出迈腾 B7 起动系统的控制电路，即 J329、J682、J710 三个元件的控制电路。当打开点火开关时，J519 给 J329 的线圈供电，J329 的线圈通电后，J329 的触点闭合；电流通过 SB30 流经 J329，使 J329 的触点闭合，然后流向 SC10，电流分成两路，一路通过 J682 的线圈流向 J623 的 T94/9 端，另一路通过 SC10 流经 J710 的线圈流向 J623 的 T94/31 端。

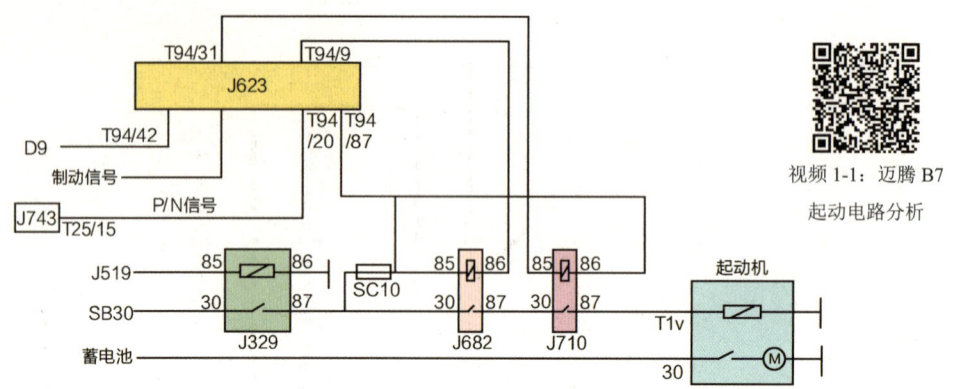

视频 1-1：迈腾 B7 起动电路分析

图 1-3　迈腾 B7 起动电路简图

当 J623 接收到自动变速器传来的停车挡 P 或者空挡 N 信号、制动系统传来的踩下制动踏板的制动信号、点火开关 D9 位于起动挡的起动信号和 SC10 传来的整车 15 电信号时，J623 控制 T94/9、T94/31 端内部搭铁使 J682、J710 的线圈通电形成回路。

由于 J682、J710 的线圈通电，其触点将会闭合。那么起动机的主控制电路电流依次通过 SB30、J329 的触点、J682 的触点、J710 的触点、起动机的电磁开关线圈，通过搭铁到蓄电池负极，形成回路。

电磁开关通电后，电磁开关的触点闭合，这时候，起动机主电路回路接通，电流首先通过蓄电池的正极流经电磁开关的触点流向起动机，然后到搭铁，最后到蓄电池负极形成回路。起动机转动。

3. 迈腾 B7 起动电路各元件安装位置

迈腾 B7 起动电路主要由主继电器 J271、J623、J682、J710、J329、J519、SC10、SB30、蓄电池和起动机组成。可以通过查阅维修手册来确定起动系统各元件的具体安装位置，以便于对起动系统故障进行诊断与排除。

视频 1-2：迈腾 B7 起动系统各元件安装位置

J623 安装在前挡风玻璃排水槽盖板下方。J623 有两个插接器，分别为 T60 和 T94，端号依次排列，如图 1-4 所示。

图 1-4　J623 的安装位置

J682 和 J710 作为供电继电器安装在仪表板左侧下方的继电器架 1 上,1 号位为 J710 的安装位置,6 号位为 J682 的安装位置,如图 1-5 所示。

 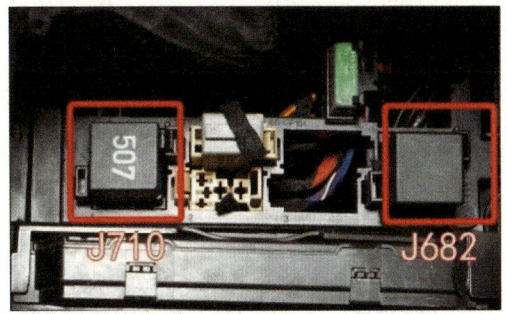

图 1-5　J682 和 J710 的安装位置

J329 安装在仪表板左侧下方的继电器架 3 上,2 号位为 J329 的安装位置,如图 1-6 所示。

图 1-6　J329 的安装位置

J271 安装在发动机舱左侧的电控箱内,A2 号位为 J271 的安装位置,如图 1-7 所示。

 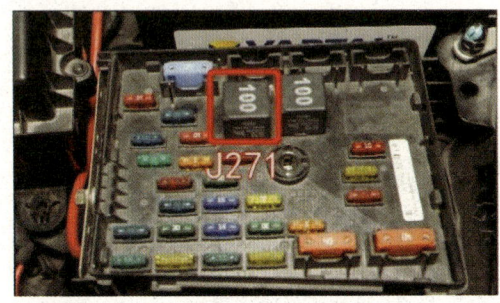

图 1-7　J271 的安装位置

J519 安装在驾驶员侧的仪表板下方,继电器支架的下方。插接器 T52a 为黑色,插接器 T52b 为白色,插接器 T52c 为棕色,如图 1-8 所示。

SC10 安装在驾驶员侧仪表板端面保险丝架 C 上编号为 10 的插座位置上,SB30 安装在发动机舱左侧电控箱保险丝架 B 上编号为 30 的插座位置上,如图 1-9 所示。

汽车综合故障诊断与排除

图 1-8　J519 的安装位置

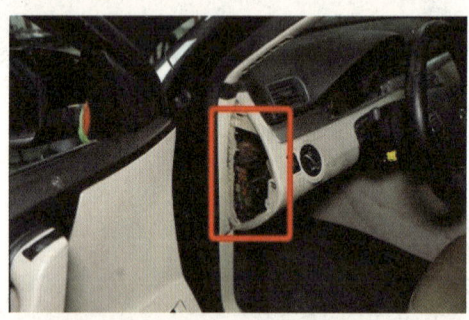

图 1-9　SC10 和 SB30 的安装位置

蓄电池安装在发动机舱的左侧电控箱旁边，如图 1-10 所示。

起动机安装在发动机舱中发动机的后方飞轮壳上，如图 1-11 所示。

图 1-10　蓄电池的安装位置　　　　　　图 1-11　起动机的安装位置

任务二　起动系统电路认知 2

🖥 知识目标

（1）掌握迈腾 B7 防盗电路的组成。
（2）掌握迈腾 B7 点火开关的四个位置。
（3）掌握迈腾 B7 防盗电路原理。

⚒ 能力目标

（1）能在实车上操作点火开关，每动作一次要在电路图中指出哪条线路通电，准确率达到 100%。
（2）能自主准确地分析迈腾 B7 防盗电路原理。

❤ 素质目标

（1）通过卡片配对环节，培养学生细致严谨、精益求精的工作态度。
（2）通过分析电路原理环节，帮助学生获得职业认同感、提升职业素养、树立职业自信心。
（3）强化爱国主义教育，激励学生努力学习，为国家工业发展贡献力量。

🔨 重点难点

重点	难点
能在实车上操作点火开关，每动作一次要在电路图中指出哪条线路通电，准确率达到 100%	能自主准确地分析迈腾 B7 防盗电路原理

知识准备

迈腾 B7 的点火开关共有四个位置，分别为 P0 位、P1 位、P2 位和 P3 位，如图 1-12 所示。

 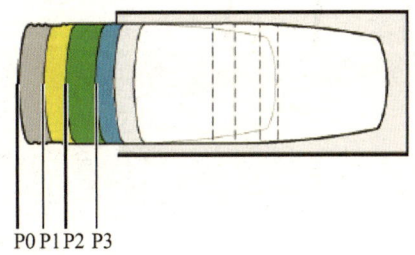

图 1-12　点火开关的四个位置

汽车综合故障诊断与排除

点火开关电路如图 1-13 所示，点火开关的电源输入端为 T16f/8，点火开关所处的位置不同，与输入端连接的端就不同。当推入钥匙，则点火开关处于 P0 位，触点 P 闭合，点火开关 T16f/15 通电；进一步推进钥匙，则点火开关处于 P1 位，触点 S 闭合，点火开关 T16f/16 通电；进一步推进钥匙，则点火开关处于 P2 位，此时线 15 接通，点火开关 T16f/5、T16f/13 通电；进一步推进钥匙，则点火开关处于 P3 位，此时线 50 接通，点火开关 T16f/6 通电。

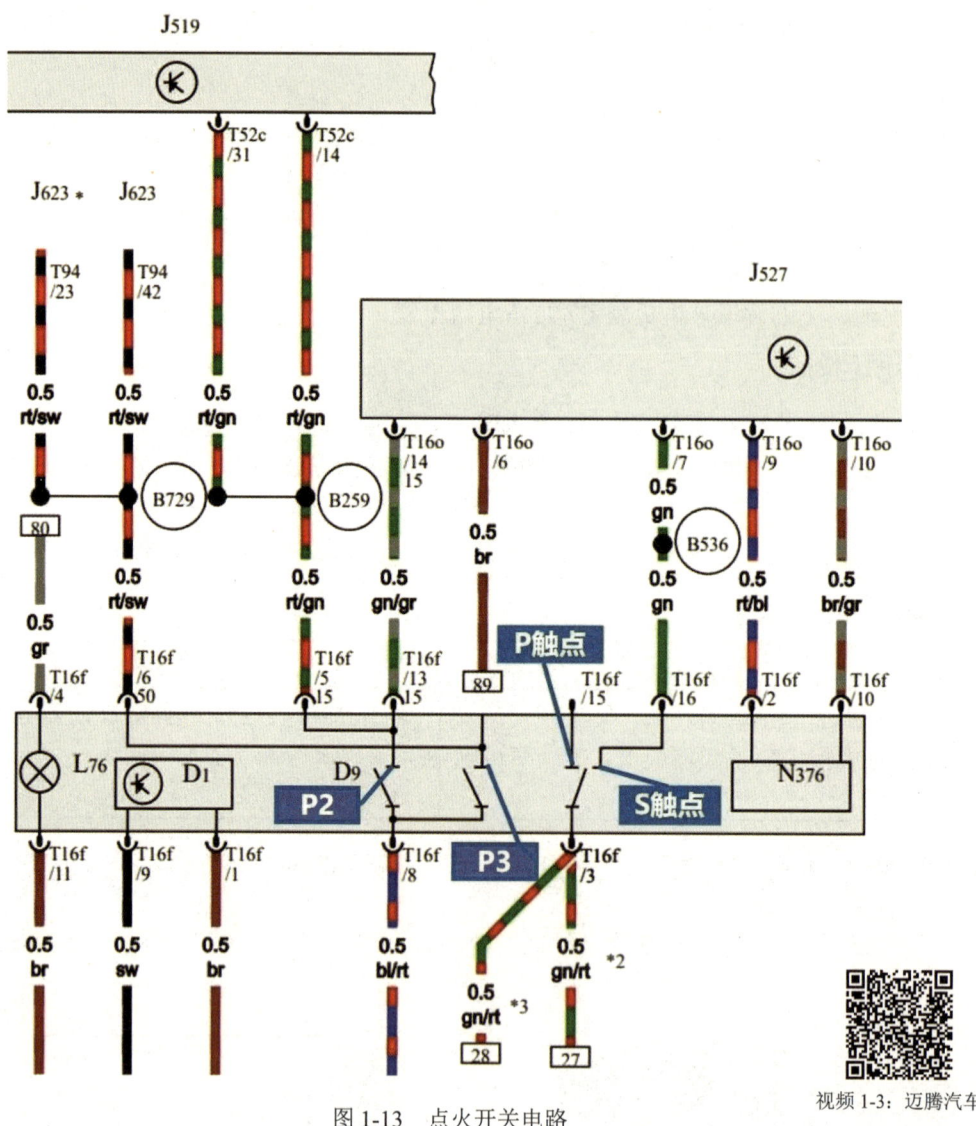

图 1-13　点火开关电路

视频 1-3：迈腾汽车防盗电路分析

防盗电路涉及的部件有：转向柱电子装置控制单元 J527、电子点火开关 D9、电子转向柱锁止装置控制单元 J764、数据总线诊断接口 J533、J519、J623、防抱装置（ABS）控制单元 J104、仪表板中的控制单元 J285、舒适/便捷系统中的控制单元 J393、驾驶员侧车门控制单元 J386，如图 1-14 所示。

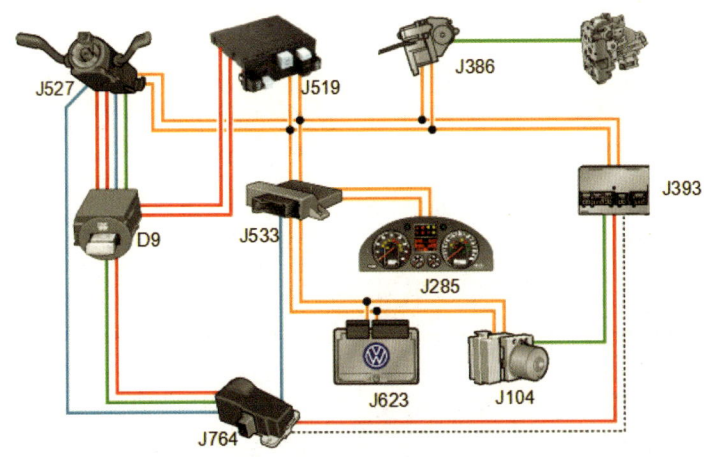

图 1-14　防盗电路

防盗电路原理是，当钥匙插入点火开关后，点火开关的触点 P 断开，触点 S 闭合，J527 接收到 S 信号，J527 将信号通过数据总线送入 J393，J393 送给 J764 一个唤醒信号，此时 J764 给点火开关中的读写线圈供电，进行钥匙信息的读取。J764 读取到钥匙信息后，将信息传递给 J393，J393 对钥匙的合法性进行判断，如果不合法，那么转向柱不解锁，线 15 不通电；如果合法，那么 J393 给 J764 供电，J764 将转向柱解锁，并且给点火开关 T16f/8 端供电，汽车的线 15 或线 50 通电。

任务三　仪表灯不亮故障诊断与检修

知识目标

（1）掌握仪表灯不亮、汽车无法起动故障检修的流程和分析方法。
（2）掌握继电器的工作原理和检修方法。
（3）掌握起动机不转的故障机理。

视频 1-4：仪表灯不亮故障诊断与检修

能力目标

（1）能使用解码器和云诊断系统进行故障信息的读取，确认仪表灯不亮故障现象。
（2）能借助云诊断系统、维修手册等识读电路图，分析仪表灯不亮故障产生的可能原因。
（3）能根据故障原因，制定仪表灯不亮故障检修方案。
（4）能根据检修方案，依据厂家技术标准，正确使用专用工具完成仪表灯故障诊断与排除，准确率达到 100%。

汽车综合故障诊断与排除

素质目标

（1）通过使用解码器和云诊断系统，锻炼学生信息检索和数据分析的能力。
（2）通过使用维修工具，提升学生的安全责任意识和规范操作意识。
（3）通过制定故障诊断流程，锻炼学生团队协作及自主思考的能力。
（4）培养学生精益求精的工作作风和严谨求实的劳动态度，增强职业荣誉感。

重点难点

重点	难点
规范使用故障诊断仪、数字万用表对仪表灯不亮故障进行诊断	能查阅维修手册，规范制定出仪表灯不亮故障的诊断流程

客户描述

一辆 2013 款迈腾 B7 轿车，行驶里程为 10 万千米，客户来电反映，打开点火开关该车仪表灯不亮，起动机不转。

故障分析

由于打开点火开关时，方向盘解锁，说明防盗系统校验通过，但是仪表灯不亮，对可能的故障原因进行分析，如图 1-15 所示。

图 1-15　迈腾 B7 仪表灯不亮的故障原因

根据迈腾 B7 的防盗电路原理，可知整车 15 电来自 J329 的 87 端，如图 1-16 所示。

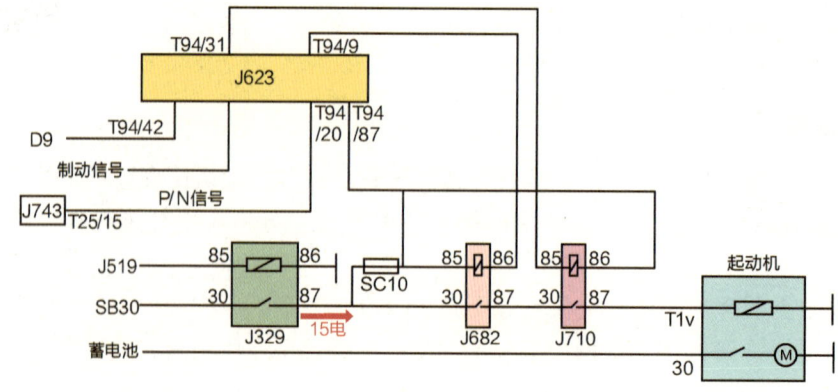

图 1-16　整车 15 电的来源

项目一
起动机不转的故障检修

实施准备

安全准备：做好汽车安全防护与准备工作（车轮垫块、举升垫块的安装，座椅四件套、翼子板布的安装，以及机油、冷却液、制动液的检查）。

工具设备：数字万用表、故障诊断仪（红盒子）、跨接线若干。

实训汽车：2013 款迈腾 B7 轿车。

辅助资料：汽车原厂维修手册、原厂电路图。

视频 1-5：汽车检修前的准备工作

实施步骤

（开大灯）

（测量蓄电池电压）

第一步：测量蓄电池电压。

开大灯，测量蓄电池电压，应该为+B（表示正常电压，数字万用表表笔直接接蓄电池正极，不受点火开关控制），实测为+B，电压正常。

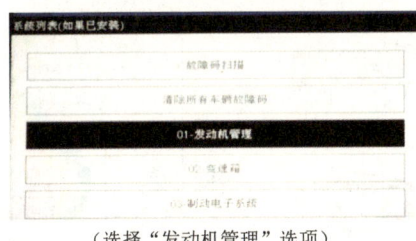

（选择"发动机管理"选项）

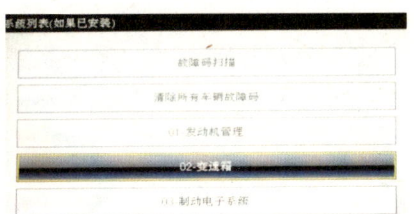

（选择"变速箱"选项）

第二步：使用解码器，读取故障码。

打开点火开关，使用解码器，选择"发动机管理"选项，读取故障码。

对于具有自诊断功能的系统而言，读取故障码是所有检测工作的第一步。如果有故障码，就按照故障码显示的内容展开诊断；如果没有故障码，就根据故障现象，结合电路原理进行分析诊断。

解码器与 J623 之间不能通信，与其他控制单元之间也不能通信。

由于汽车相关控制单元都是由 J329 供电的，因此首先检查 15 电的供电情况。因为 SC10

11

汽车综合故障诊断与排除

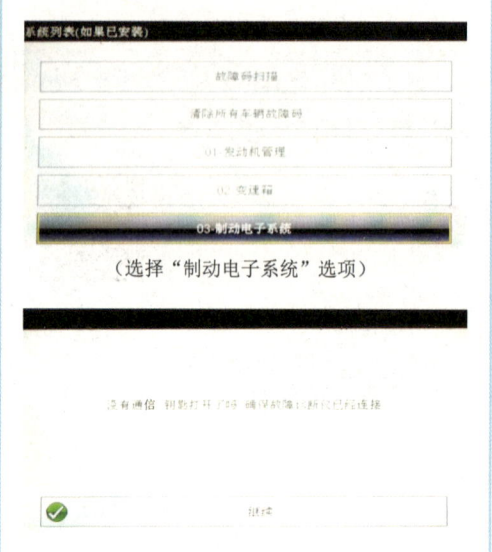

（选择"制动电子系统"选项）

（没有通信）

由 J329 供电，所以我们可以通过测量 SC10 对搭铁的电压来推断 15 电供电是否正常。

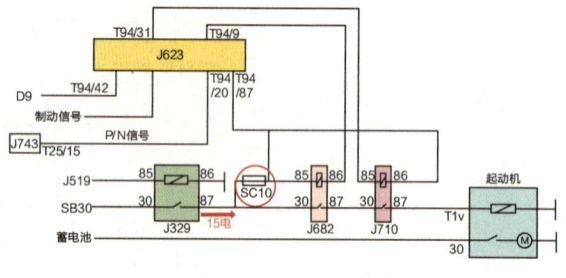

第三步：测量 SC10 对搭铁的电压。

打开点火开关，分别测量 SC10 两端与搭铁之间的电压，应该均为+B，实测都为 0V，电压异常。

SC10 两端对搭铁的电压均为 0V，说明 J329 没有 15 电输出。

其可能的原因有：

（1）J329 控制电路故障。

（2）J329 主电路故障。

（3）J329 自身故障。

（测量 SC10 两端与搭铁之间的电压）

（实测均为 0V）

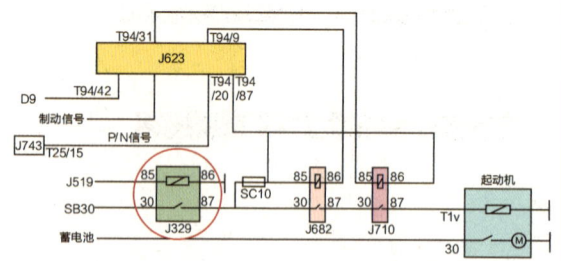

注：由于在排除故障的过程中，经常需要在线检测继电器的性能，为了方便检测，我们自制了继电器跨接器，通过将引脚外接，便于对继电器的 85 端、86 端、30 端、87 端进行在线测量。

项目一
起动机不转的故障检修

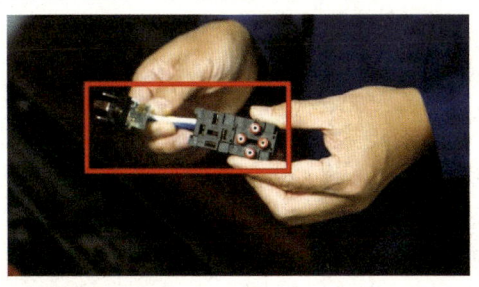

（连接继电器跨接器）

（测量 J329 的 85 端、86 端的电压）

第四步：测试 J329 的控制电路。

关闭点火开关，拔下 J329，用自制的继电器跨接器连接 J329 的插座，插入 J329。

打开点火开关，用数字万用表测量 J329 的 85 端、86 端的电压，应该为+B，实测为+B，电压正常。

说明 J329 控制电路正常。

（测量 J329 的 30 端对搭铁的电压）

第五步：测试 J329 的主电路。

用数字万用表测量 J329 的 30 端对搭铁的电压，应该为+B，实测为+B，电压正常。

说明 J329 继电器主电路正常，故障可能的原因有：

（1）J329 的线圈故障。
（2）J329 的触点故障。

（测量 J329 的 85 端和 86 端之间的电阻值）

第六步：J329 单件测试。

关闭点火开关，拔下 J329，用数字万用表测量 J329 的 85 端和 86 端之间的电阻值，正常值为 60~200Ω，实测为 99.8Ω，电阻值正常。

对 J329 进行通电测试，线圈 85 端接蓄电池负极，86 端接蓄电池正极，用数字万用表测

13

汽车综合故障诊断与排除

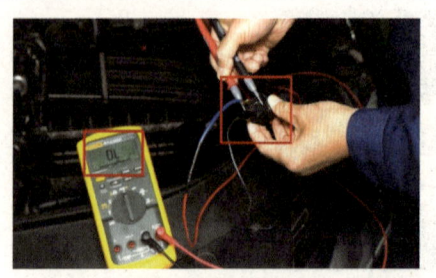 （J329通电，测量30端与87端之间的电阻值）	量30端和87端之间的电阻值，正常值应该小于1Ω，实测为无穷大，电阻值异常。 结合上述实测结果，说明J329的触点烧蚀。
 （更换J329）  （读取故障码，无故障码显示）	**第七步：更换J329，恢复所拆卸的部件。** **第八步：检查故障码，验证发动机运转状况。** 先清除故障码，再读取故障码，此时无故障码显示。 起动发动机，再次读取故障码，此时无故障码显示，发动机运转正常，故障已排除。

任务四　起动继电器故障诊断与检修

视频1-6：起动继电器故障诊断与检修

知识目标

（1）掌握仪表显示正常，起动机不转故障的检修流程和分析方法。
（2）掌握起动继电器的工作原理和检修方法。
（3）掌握起动机不转的故障机理。

能力目标

（1）能使用解码器和云诊断系统进行故障信息的读取，确认仪表显示正常，起动机不转的故障现象。
（2）能借助云诊断系统、维修手册等识读电路图，分析仪表显示正常，起动机不转故障产生的可能原因。

14

（3）能根据故障原因，制定仪表显示正常，起动机不转故障的检修方案。

（4）能根据检修方案，依据厂家技术标准，正确使用专用工具完成仪表显示正常，起动机不转故障诊断与排除，准确率达到 100%。

素质目标

（1）通过使用解码器和云诊断系统，锻炼学生信息检索和数据分析的能力。

（2）通过使用维修工具，提升学生的安全责任意识和规范操作意识。

（3）通过制定故障诊断流程，锻炼学生团队协作及自主思考的能力。

（4）养成精益求精的工作作风和严谨求实的劳动态度，增强职业荣誉感。

重点难点

重点	难点
规范使用故障诊断仪、数字万用表对仪表显示正常，起动机不转故障进行诊断	能查阅维修手册，规范制定出仪表显示正常，起动机不转故障的诊断流程

客户描述

一辆 2013 款迈腾 B7 轿车，行驶里程为 8 万千米，客户来电反映，该车仪表正常显示，但汽车无法起动。

故障分析

由于打开点火开关时，仪表显示正常，说明整车 15 电供电正常。但是起动机不转，对可能的故障原因进行分析，如图 1-17 所示。

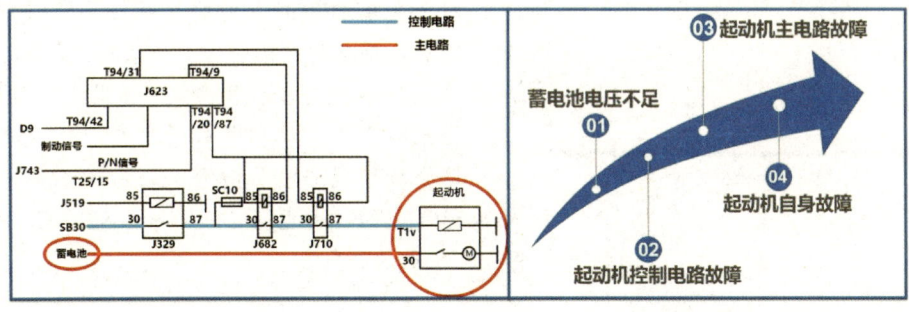

图 1-17 仪表显示正常，起动机不转的故障原因

实施准备

安全准备：做好汽车安全防护与准备工作（车轮垫块、举升垫块的安装，座椅四件套、翼子板布的安装，以及机油、冷却液、制动液的检查）。

工具设备：数字万用表、故障诊断仪（红盒子）、跨接线若干。

实训汽车：2013 款迈腾 B7 轿车。

汽车综合故障诊断与排除

辅助资料：汽车原厂维修手册、原厂电路图。

实训步骤

（开大灯）

（测量蓄电池电压）

第一步：测量蓄电池电压。

开大灯，测量蓄电池电压，应该为+B，实测为+B，电压正常。

（故障码为 P0615）

第二步：使用解码器，读取故障码。

打开点火开关，使用解码器，选择"发动机管理"选项，读取故障码，故障码为 P0615：起动机继电器输出电路开路。

对于具有自诊断功能的系统而言，读取故障码是所有检测工作的第一步。如果有故障码，就按照故障码显示的内容展开诊断；如果没有故障码，就根据故障现象，结合电路原理进行分析诊断。

这个故障码一般是由 J682、J710 或其相关电路故障造成的。由电路图可知，J682、J710 都由 SC10 供电。

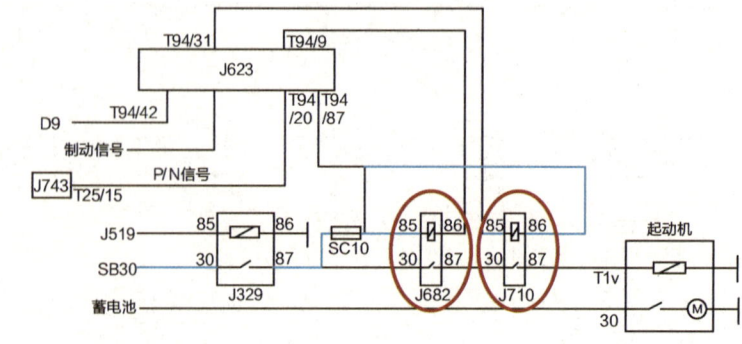

16

项目一
起动机不转的故障检修

（测量SC10两端与搭铁之间的电压）

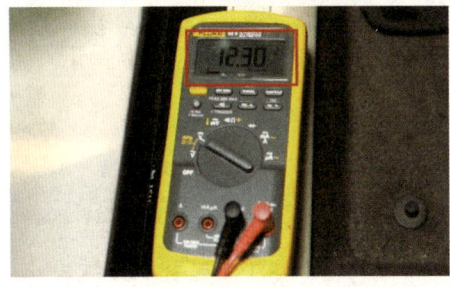
（实测均为+B）

第三步：测量SC10对搭铁的电压。

打开点火开关，分别测量SC10两端与搭铁之间的电压，应该均为+B，实测均为+B，电压正常。

SC10电压正常，说明J682、J710的85端电压正常。所以可能的故障原因有：

（1）J682、J710控制电路故障。

（2）J682、J710主电路故障。

（3）J682、J710自身故障。

注：由于J710的30端由J682的87端供电，所以我们可以通过测量J682的87端的电压来推断故障点。若87端没有电，则故障点在J682及其相关电路中；否则，故障点在J710及其相关电路中。

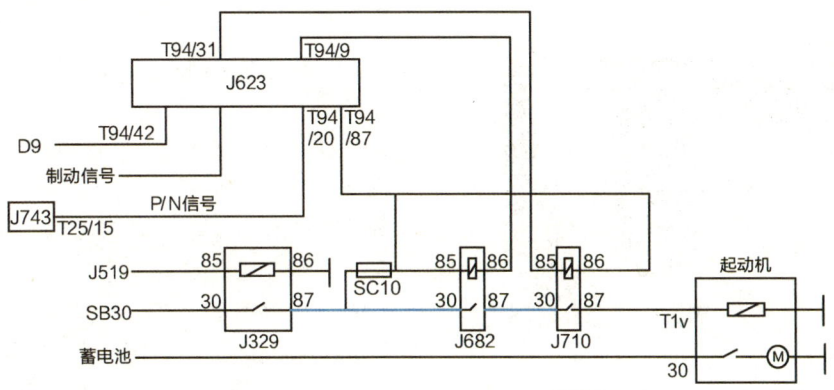

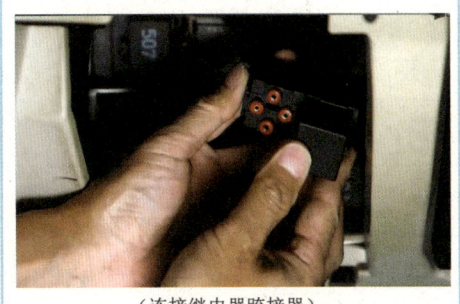
（连接继电器跨接器）

第四步：测量J682的87端对搭铁的电压。

关闭点火开关，拔下J682，将自制的继电器跨接器连接J682的插座，插入J682。

起动发动机，用数字万用表测量J682的87端对搭铁的电压，应该为+B，实测为0V，电压异常。

测量结果说明J682及其相关电路故障，可能的原因有：

（1）J682控制电路故障。

17

汽车综合故障诊断与排除

（测量J682的87端对搭铁的电压）

（2）J682主电路故障。
（3）J682自身故障。

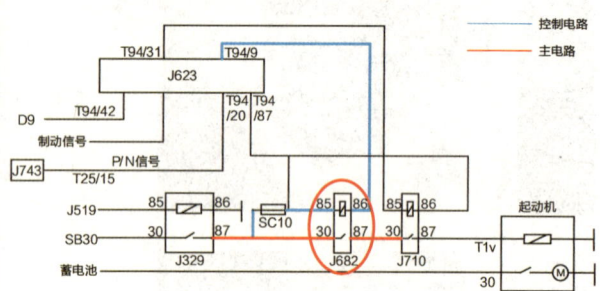

（测量J682的85端和86端之间的电压）

第五步：测试J682的控制电路。

打开点火开关，在自制的继电器跨接器上，用数字万用表测量J682的85端和86端之间的电压，应该为+B，实测为+B，电压正常。

（测量J682的30端对搭铁的电压）

第六步：测试J682的主电路。

用数字万用表测量J682的30端对搭铁的电压，应该为+B，实测为+B，电压正常。

以上实测结果正常，说明J682主电路和控制电路正常，故障可能的原因有：

（1）J682的线圈故障。
（2）J682的触点故障。

（实测均为+B）

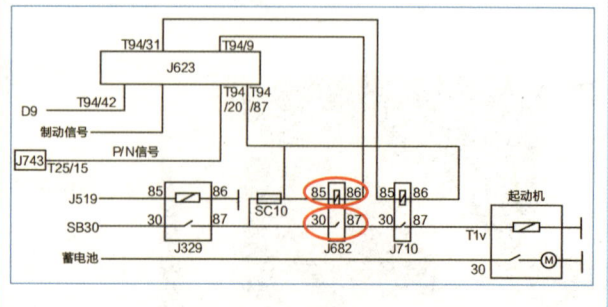

18

项目一
起动机不转的故障检修

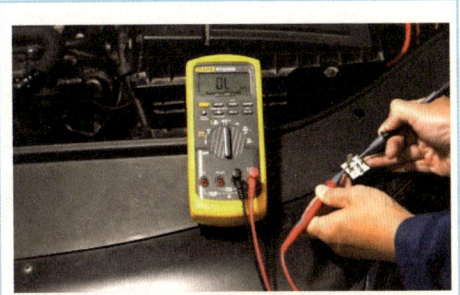
（测量 J682 的 85 端和 86 端之间的电阻值）

第七步：J682 单件测试。

关闭点火开关，拔下 J682，用数字万用表测量 J682 的 85 端和 86 端之间的电阻值，正常值为 60～200Ω，实测无穷大，电阻值异常。

综合上述实测结果，说明 J682 的线圈断路。

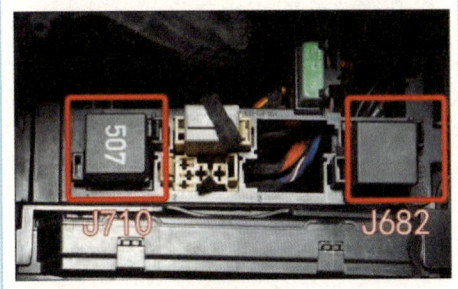
（更换 J682）

第八步：更换 J682，恢复所拆卸的部件。

第九步：检查故障码，验证发动机运转状况。

先清除故障码，再读取故障码，此时无故障码显示。

起动发动机，再次读取故障码，此时无故障码显示，发动机运转正常。故障已排除。

（读取故障码，无故障码显示）

任务五　发动机控制单元供电故障诊断与检修

🖥 知识目标

（1）掌握迈腾 B7 发动机控制单元电源系统的组成和工作原理。
（2）掌握仪表显示正常，起动机不转故障检修的流程和分析方法。
（3）掌握起动机不转的故障机理。

🔧 能力目标

（1）根据迈腾 B7 发动机维修手册，能自主准确地分析迈腾 B7 发动机控制单元的电源电路，并绘出电路简图，不得多线、漏线，准确率达到 100%。
（2）能使用解码器和云诊断系统进行故障信息的读取，确认仪表显示正常，起动机不

视频 1-7：发动机控制单元供电故障诊断与检修

19

汽车综合故障诊断与排除

转故障现象。

(3) 能借助云诊断系统、维修手册等识读电路图，分析仪表显示正常，起动机不转故障产生的可能原因。

(4) 能根据故障原因，制定仪表显示正常，起动机不转故障检修方案。

(5) 能根据检修方案，依据厂家技术标准，正确使用专用工具完成仪表显示正常，起动机不转故障诊断与排除，准确率达到100%。

素质目标

(1) 通过电路原理分析，培育学生职业认同感、提升职业素养、树立职业自信心。

(2) 通过绘制电路图，培养学生细致严谨、精益求精的工作态度。

(3) 通过使用解码器和云诊断系统，锻炼学生信息检索和数据分析的能力。

(4) 通过使用维修工具，提升学生的安全责任意识和规范操作意识。

(5) 通过制定故障诊断流程，锻炼学生团队协作及自主思考的能力。

(6) 养成精益求精的工作作风和严谨求实的劳动态度，增强职业荣誉感。

重点难点

重点	难点
(1) 根据迈腾 B7 发动机维修手册，能绘制出发动机控制单元电源电路，准确率达到100%。 (2) 能在实车上完成发动机控制单元供电故障的检测与维修任务，准确率达到100%	(1) 能自主准确地分析迈腾 B7 发动机控制单元的电源电路。 (2) 能准确制定出发动机控制单元供电故障的诊断流程

知识准备

由于发动机控制单元在起动过程中起关键的控制作用，所以我们需要了解发动机控制单元的电源电路，以确保发动机控制单元正常工作。发动机控制单元的电源电路主要包括：J623，J271，保险丝 SB13、SB14、SC10，如图 1-18 所示。

J623 的电源正极为 T94/5 和 T94/6，搭铁端为 T94/1 和 T94/2，J623 的 15 电信号端为 T94/87。

当 J623 的 T94/87 端接收到来自 SC10 的 15 电信号后，J623 控制其 T94/69 端内部搭铁，此时，电流通过 SB13 流经 J271 的线圈流向 T94/69 端内部至搭铁，最后到蓄电池负极形成回路，J271 的线圈通电。

随着 J271 的触点开关闭合，蓄电池正极电流从 J271 的触点流向 SB14，给 J623 的 T94/5 端和 T94/6 端进行供电。J623 开始工作。

根据发动机控制单元的电源电路图，我们可以画出发动机控制单元的电源电路简图，如图 1-19 所示。

项目一
起动机不转的故障检修

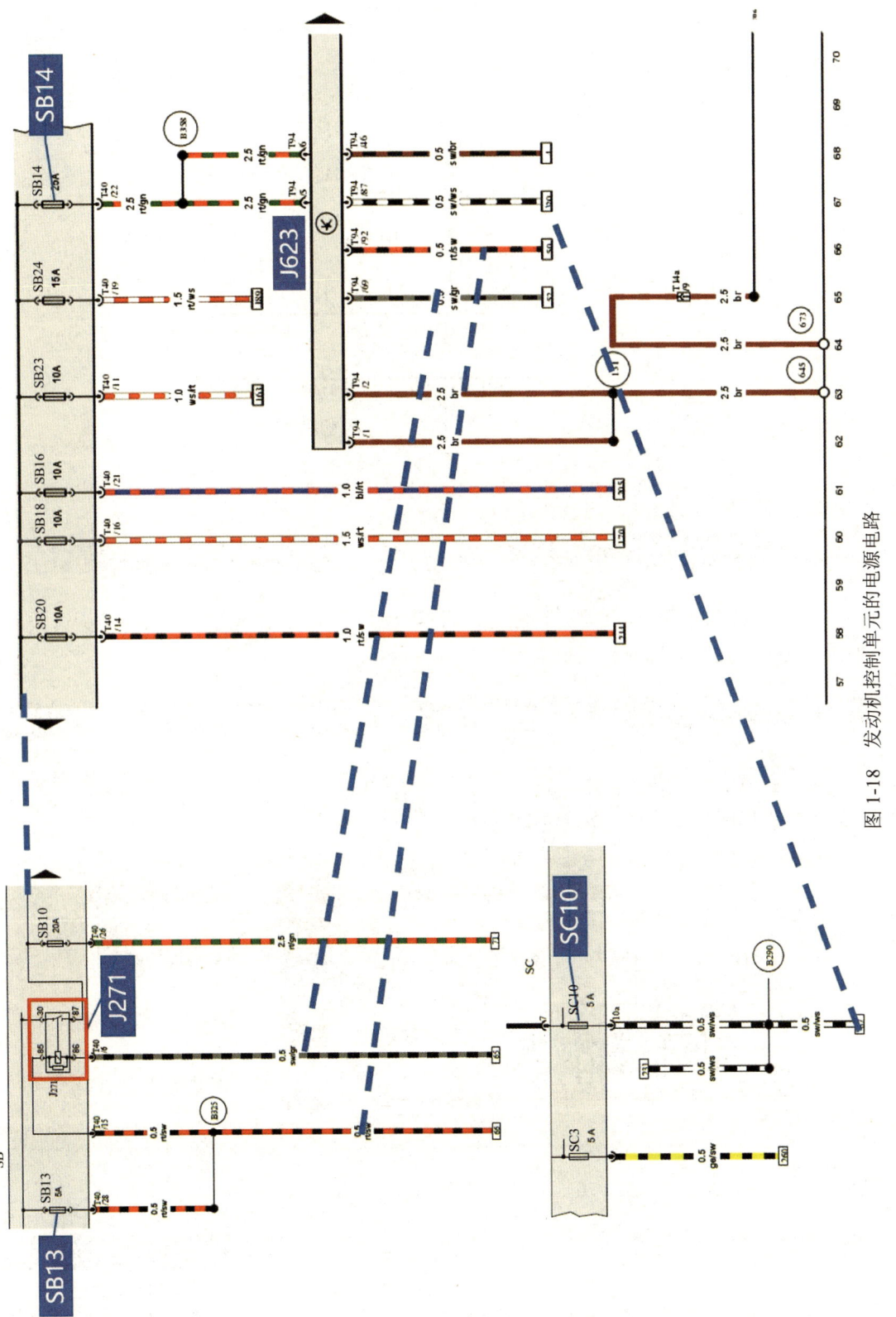

图 1-18　发动机控制单元的电源电路

汽车综合故障诊断与排除

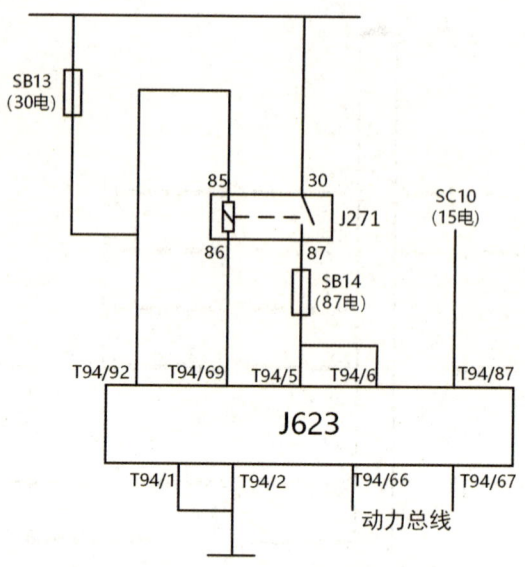

图 1-19　发动机控制单元的电源电路简图

客户描述

一辆 2013 款迈腾 B7 轿车，行驶里程为 10 万千米，客户来电反映，打开点火开关，仪表显示正常，但起动机不转。

故障分析

由于打开点火开关时，仪表显示正常，说明整车 15 电供电正常。但是起动机不转，对可能的故障原因进行分析，如图 1-20 所示。

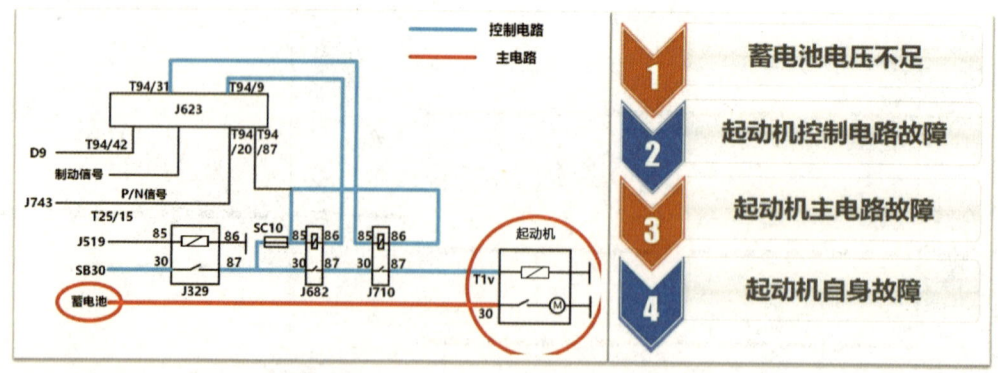

图 1-20　仪表显示正常，起动机不转的故障原因

实施准备

安全准备：做好汽车安全防护与准备工作（车轮垫块、举升垫块的安装，座椅四件套、

项目一
起动机不转的故障检修

翼子板布的安装，以及机油、冷却液、制动液的检查）。

工具设备：数字万用表、故障诊断仪（红盒子）、发动机控制单元端子跨接盒，跨接线若干。

实训汽车：2013 款迈腾 B7 轿车。

辅助资料：汽车原厂维修手册、原厂电路图。

实训步骤

（开大灯）

（测量蓄电池电压）

第一步：测量蓄电池电压。

开大灯，测量蓄电池电压，应该为+B，实测为+B，电压正常。

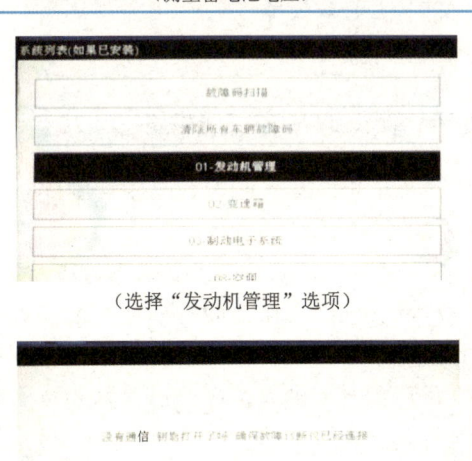
（选择"发动机管理"选项）

（没有通信）

第二步：使用解码器，读取故障码。

打开点火开关，使用解码器，选择"发动机管理"选项，读取故障码，发现无法通信，与其他控制单元之间可以通信。

对于具有自诊断功能的系统而言，读取故障码是所有检测工作的第一步。如果有故障码，就按照故障码显示的内容展开诊断；如果没有故障码，就根据故障现象，结合电路原理进行分析诊断。

由于只有与发动机控制单元之间无法通信，可能故障原因为发动机控制单元或其相关电路故障。

23

注：J623 的主电源端为 T94/5 和 T94/6，由 J271 中间通过 SB14 供电。所以我们可以通过测量 SB14 对搭铁的电压来推断 J623 的供电是否正常。

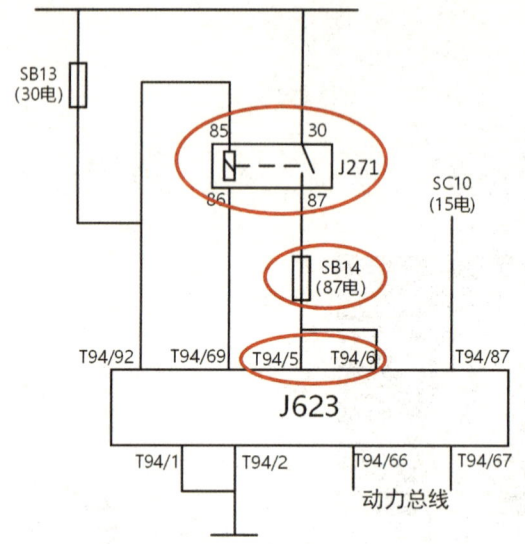

（测量 SB14 两端对地的电压）

第三步：检测 J623 供电是否正常。

打开点火开关，分别测量 SB14 两端对地的电压，应该均为+B，实测均为 0V，电压异常。

测量结果表明，J623 的电源端供电异常，可能的原因有：

（1）J271 控制电路故障。
（2）J271 主电路故障。
（3）J271 自身故障。

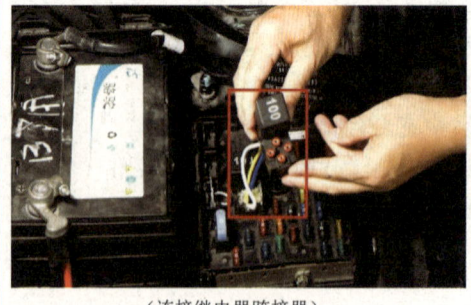

（连接继电器跨接器）

第四步：测试 J271 的控制电路。

关闭点火开关，拔下 J271，连接自制的继电器跨接器，插入 J271。

打开点火开关，用数字万用表测量 J271 的 85 端和 86 端之间的电压，应该为+B，实测为 0V，电压异常。

测量 J271 的 85 端对搭铁的电压，应该为+B，实测为+B，电压正常。

测量结果表明，J271 的 86 端搭铁异常。

项目一
起动机不转的故障检修

（测量J271的85端和86端之间的电压）

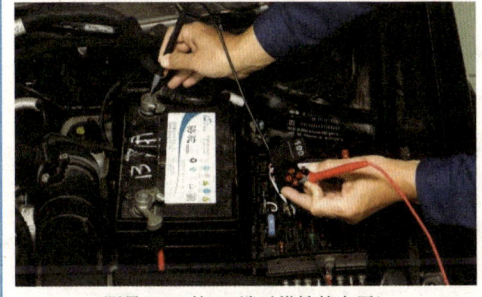
（测量J271的85端对搭铁的电压）

分析：由J623根据T94/87端接收到的点火开关15电信号控制T94/69端搭铁推测，可能的故障原因有：

（1）J271的86端与J623的T94/69端之间的线路故障。

（2）J623的点火开关15电信号线路故障。

（3）J623自身故障。

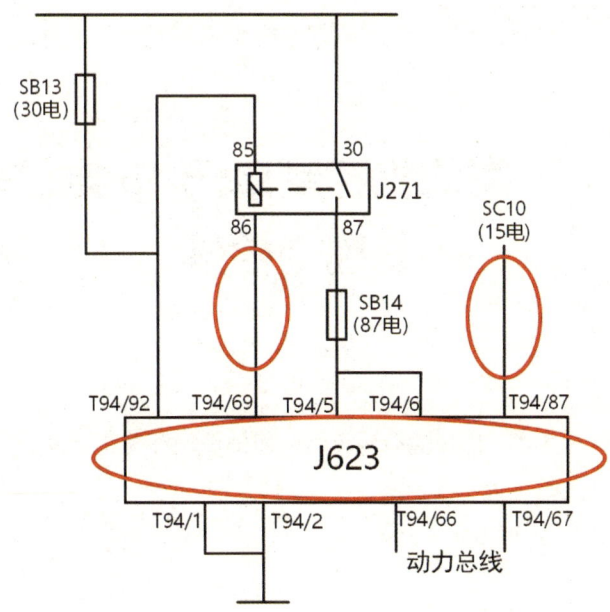

25

汽车综合故障诊断与排除

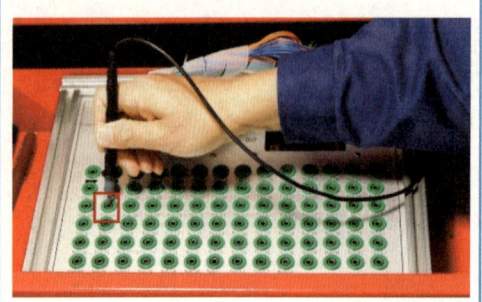

（在跨接盒上测量蓄电池正极对 T94/69 端的电压）

第五步：测量蓄电池正极对 J623 的 T94/69 端的电压。

打开点火开关，在跨接盒上用数字万用表测量蓄电池正极对 T94/69 端的电压，应该为 +B，实测为 +B，电压正常。

综合上述实测结果，说明 J623 的 T94/69 端与 J271 的 86 端之间的线路故障。

发动机控制单元端子跨接盒连接方法：

J623 位于发动机舱中排水槽盖板的下方，关闭点火开关，拆下蓄电池负极，拿出 J623，拔下 T60 插头和 T94 插头，拿下 J623，将 T60 插头和 T94 插头插到跨接盒的电脑上，将跨接盒的连接插头插入 J623。

（读取故障码，无故障码显示）

第六步：维修故障线路，恢复所拆卸的部件。

第七步：检查故障码，验证发动机运转状况。

先清除故障码，再读取故障码，此时无故障码显示。

起动发动机，再次读取故障码，此时无故障码显示，发动机运转正常，故障已排除。

任务六　发动机控制单元 15 电信号故障诊断与检修

💻 知识目标

（1）掌握仪表显示正常，起动机不转故障检修的流程和分析方法。

（2）掌握发动机控制单元的工作原理和检修方法。

（3）掌握起动机不转的故障机理。

⚒ 能力目标

（1）能使用解码器和云诊断系统进行故障信息的读取，确认仪表显示正常，起动机不

视频 1-8：发动机控制单元 15 电信号故障诊断与检修

转故障现象。

（2）能借助云诊断系统、维修手册等识读电路图，分析仪表显示正常，起动机不转故障产生的可能原因。

（3）能根据故障原因，制定仪表显示正常，起动机不转故障检修方案。

（4）能根据检修方案，依据厂家技术标准，正确使用专用工具完成仪表显示正常，起动机不转故障诊断与排除，准确率达到100%。

素质目标

（1）通过使用解码器和云诊断系统，锻炼学生信息检索和数据分析的能力。

（2）通过使用维修工具，提升学生的安全责任意识和规范操作意识。

（3）通过制定故障诊断流程，锻炼学生团队协作及自主思考的能力。

（4）养成精益求精的工作作风和严谨求实的劳动态度，增强职业荣誉感。

重点难点

重点	难点
能在实车上完成发动机控制单元15电信号故障的检测与维修任务，准确率达到100%	能准确制定出发动机控制单元15电信号故障的诊断流程

客户描述

一辆2013款迈腾B7轿车，行驶里程为8万千米，客户来电反映，打开点火开关，仪表显示正常，但起动机不转。

故障分析

由于打开点火开关时，仪表显示正常，说明整车15电供电正常。但是起动机不转，通过对前面任务的学习，我们已知道该故障产生的可能原因，如图1-21所示。

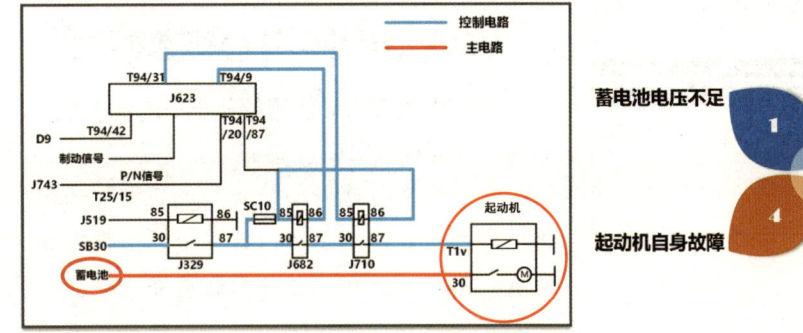
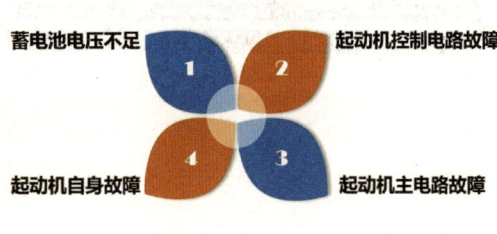

图1-21 仪表显示正常，起动机不转的故障原因

汽车综合故障诊断与排除

实施准备

安全准备：做好汽车安全防护与准备工作（车轮垫块、举升垫块的安装，座椅四件套、翼子板布的安装，以及机油、冷却液、制动液的检查）。

工具设备：数字万用表、故障诊断仪（红盒子）、发动机控制单元端子跨接盒，跨接线若干。

实训汽车：2013 款迈腾 B7 轿车。

辅助资料：汽车原厂维修手册、原厂电路图。

实训步骤

（开大灯）

（测量蓄电池电压）

第一步：测量蓄电池电压。

开大灯，测量蓄电池电压，应该为+B，实测为+B，正常。

（读取故障码，无故障码显示）

第二步：使用解码器，读取故障码。

打开点火开关，使用解码器，选择"发动机管理"选项，读取故障码，无故障码显示。

对于具有自诊断功能的系统而言，读取故障码是所有检测工作的第一步。如果有故障码，按照故障码显示的内容展开诊断；如果没有故障码，根据故障现象，结合电路原理进行分析诊断。

项目一
起动机不转的故障检修

解码器显示不存在故障码，我们可以根据起动电路原理进行诊断。

分析：由于仪表灯亮，说明 J329 输出 15 电正常，下一步检测 SC10 两端电压是否正常。

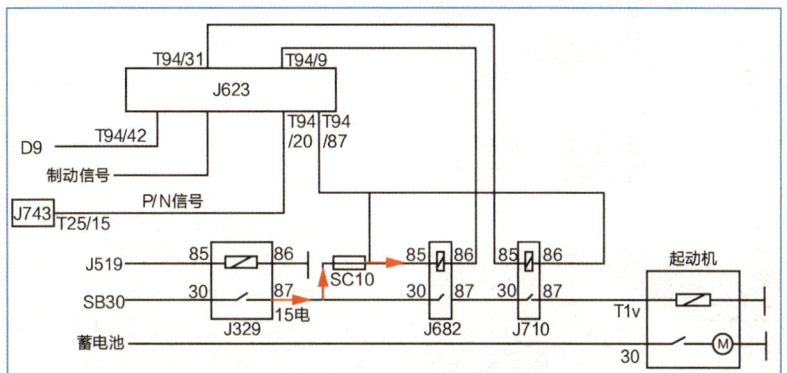

（测量 SC10 两端与搭铁之间的电压）

（实测为+B）

第三步：测量 SC10 两端与搭铁之间的电压。

打开点火开关，分别测量 SC10 两端与搭铁之间的电压，应该均为+B，实测都为+B，电压正常。

SC10 电压正常，起动机不转，可能的故障原因有：
（1）J682 或其相关电路故障。
（2）J710 或其相关电路故障。
（3）起动机或其相关电路故障。

第四步：测量 J682 的 87 端对搭铁的电压。

关闭点火开关，拔下 J682，连接自制的继电器跨接器，插入 J682。

起动发动机，用数字万用表测量 J682 的 87 端对搭铁的电压，应该为+B，实测为 0V，电压异常。

以上实测结果说明 J682 的 87 端输出异

（连接继电器跨接器）

29

汽车综合故障诊断与排除

（测量J682的87端对搭铁的电压）

常，可能的故障原因有：
（1）J682控制电路故障。
（2）J682主电路故障。
（3）J682自身故障。

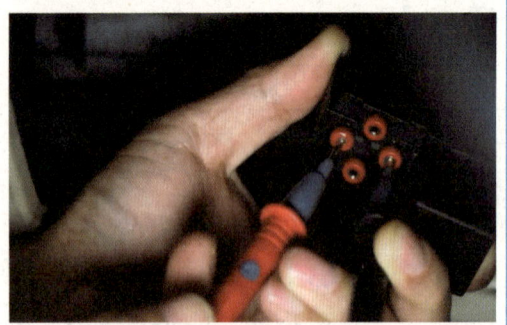

（测量J682的85端和86端之间的电压）

第五步：测试J682的控制电路。

起动发动机，用数字万用表测量J682的85端和86端之间的电压，应该为+B，实测为0V，电压异常。

测量J682的85端对搭铁的电压，应该为+B，实测为+B，电压正常。

以上实测结果说明J682的85端供电正常。

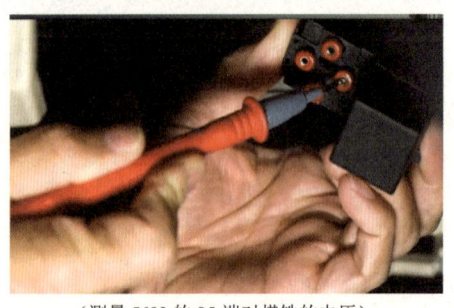

（测量J682的85端对搭铁的电压）

分析：由于J682的86端是由J623控制搭铁的，所以可能的故障原因有：
（1）J682的86端与J623的T94/9端之间的线路故障。
（2）J623或起动电路故障。

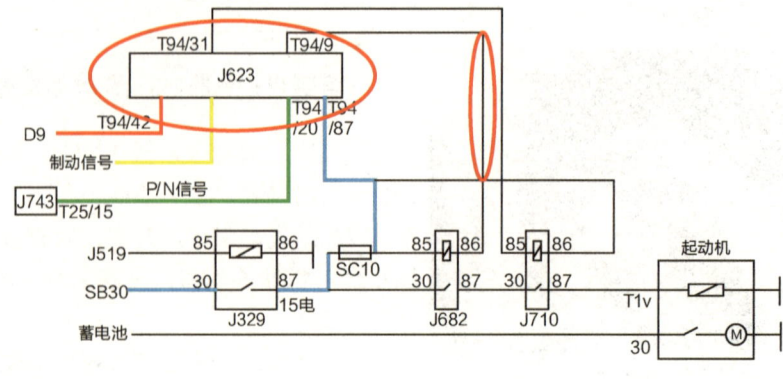

项目一
起动机不转的故障检修

(在跨接盒上测量蓄电池正极对 T94/9 端的电压)

第六步：测量蓄电池正极对 J623 T94/9 端的电压。

起动发动机，在跨接盒上，用数字万用表测量蓄电池正极对 J623 的 T94/9 端的电压，应该为+B，实测为 0V，电压异常。

以上实测结果说明 J623 对 J682 线圈的搭铁控制异常。可能的故障原因为发动机控制单元 J623 或起动电路故障。

注：起动机要想正常工作，必须有四个起动信号：（1）P/N 信号；（2）制动信号；（3）来自 SC10 点火开关的 15 电信号；（4）来自点火开关 D9 的起动信号。

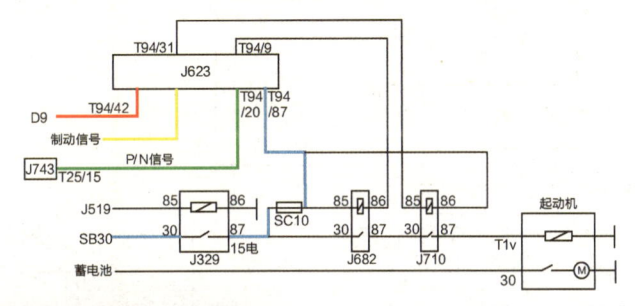

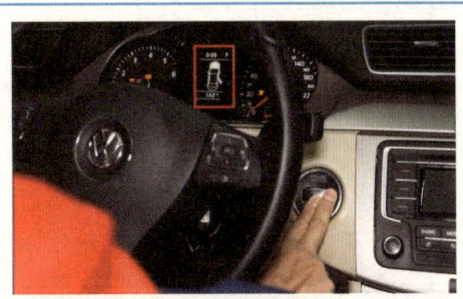

(P/N 信号正常)

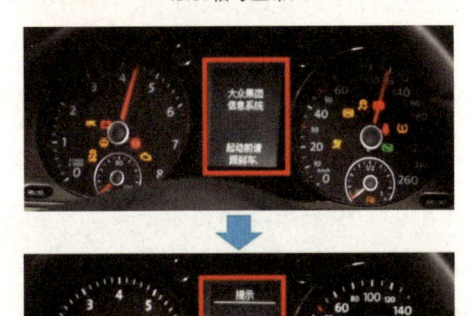

(点火开关 D9 起动信号正常)

第七步：检查四个起动信号。

通过仪表板挡位信息显示，确定 P/N 信号正常。

不踩下制动踏板，起动发动机，仪表板提示"踩制动踏板"，确定点火开关 D9 的起动信号正常。

踩下制动踏板，仪表板上"踩制动踏板"提示消失，确定制动信号正常。

以上操作结果说明，该起动机无法起动的可能原因为 J623 没有接收到来自 SC10 点火开关的 15 电信号。

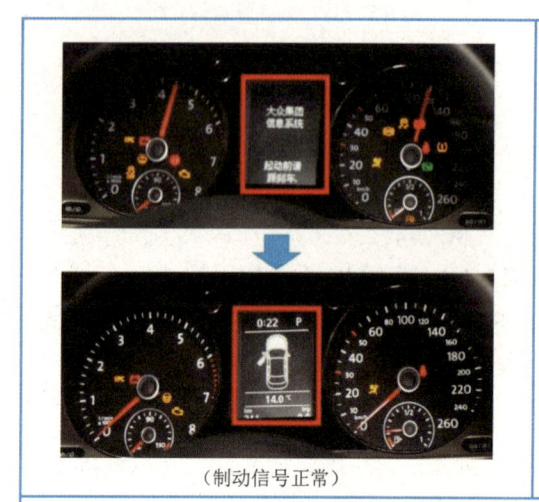

汽车综合故障诊断与排除

（制动信号正常）

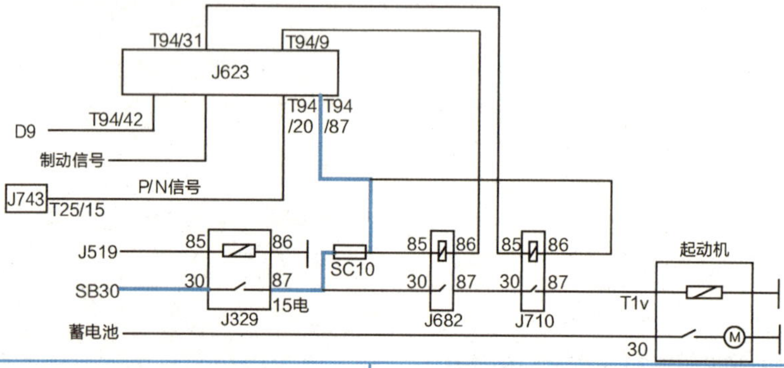

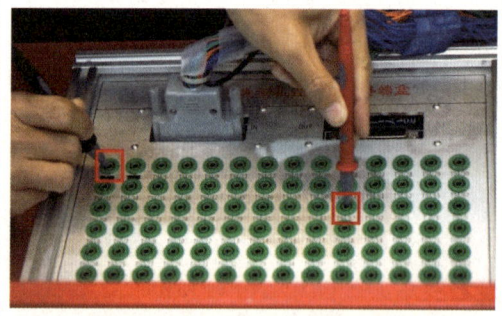

（测量 J623 的 T94/87 端对搭铁的电压）

第八步：测量 J623 的 T94/87 端对搭铁的电压。

打开点火开关，在跨接盒上用数字万用表测量 J623 的 T94/87 端对搭铁的电压，应该为+B，实测为 0V，电压异常。

综合上述实测结果，说明 J623 的 T94/87 端与 SC10 之间的线路故障。

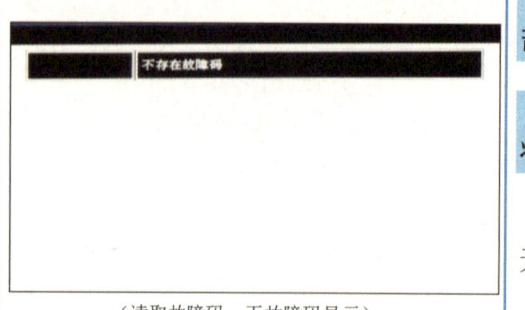

（读取故障码，无故障码显示）

第九步：维修故障线路，恢复所拆卸的部件。

第十步：检查故障码，验证发动机运转状况。

先清除故障码，再读取故障码，此时无故障码显示。

起动发动机，再次读取故障码，此时无故障码显示，发动机运转正常，故障已排除。

项目一
起动机不转的故障检修

任务七　起动机电磁开关控制电路故障诊断与检修

知识目标

（1）掌握仪表显示正常，起动机不转故障检修的流程和分析方法。
（2）掌握起动机电磁开关控制电路的工作原理和检修方法。
（3）掌握起动机不转的故障机理。

视频1-9：起动机电磁开关控制电路故障诊断与检修

能力目标

（1）能使用解码器和云诊断系统进行故障信息的读取，确认仪表显示正常，起动机不转故障现象。
（2）能借助云诊断系统、维修手册等识读电路图，分析仪表显示正常，起动机不转故障产生的可能原因。
（3）能根据故障原因，制定仪表显示正常，起动机不转故障检修方案。
（4）能根据检修方案，依据厂家技术标准，正确使用专用工具完成仪表显示正常，起动机不转故障诊断与排除，准确率达到100%。

素质目标

（1）通过使用解码器和云诊断系统，锻炼学生信息检索和数据分析的能力。
（2）通过使用维修工具，提升学生的安全责任意识和规范操作意识。
（3）通过制定故障诊断流程，锻炼学生团队协作及自主思考的能力。
（4）养成精益求精的工作作风和严谨求实的劳动态度，增强职业荣誉感。

重点难点

重点	难点
能在实车上完成起动机电磁开关控制电路故障的检测与维修，准确率达到100%	能准确制定出起动机电磁开关控制电路故障的诊断流程

客户描述

王先生的一辆已行驶8万千米的2013款迈腾B7轿车，在他早上开车上班起动发动机时，发现起动机不转，现来电求援。

故障分析

由于打开点火开关时，仪表显示正常，说明整车15电供电正常。但是起动机不转，通

汽车综合故障诊断与排除

过前面任务的学习，我们已知道该故障可能的原因，如图 1-22 所示。

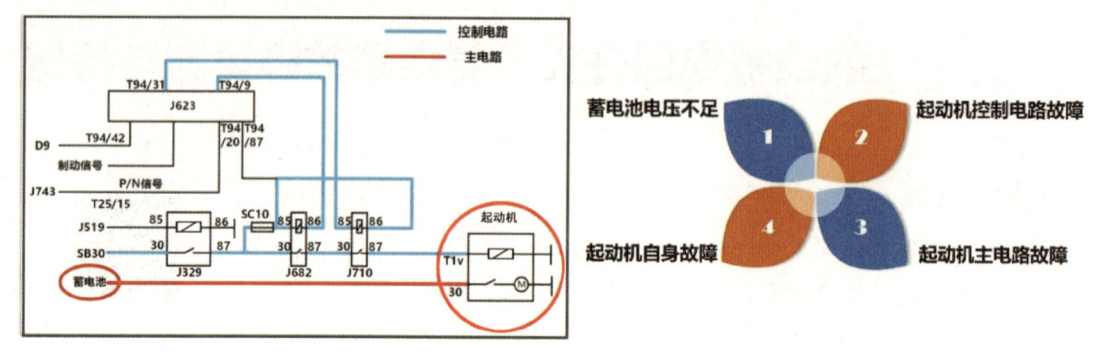

图 1-22 仪表显示正常，起动机不转的故障原因

实施准备

安全准备：做好汽车安全防护与准备工作（车轮垫块、举升垫块的安装，座椅四件套、翼子板布的安装，以及机油、冷却液、制动液的检查）。

工具设备：数字万用表、故障诊断仪（红盒子）、跨接线若干。

实训汽车：2013 款迈腾 B7 轿车。

辅助资料：汽车原厂维修手册、原厂电路图。

实训步骤

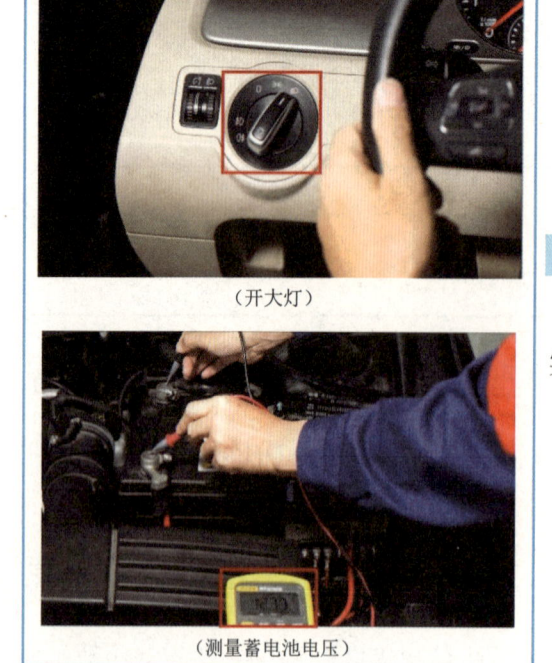

（开大灯）

（测量蓄电池电压）

第一步：测量蓄电池电压。

开大灯，测量蓄电池电压，应该为+B，实测为+B，电压正常。

项目一
起动机不转的故障检修

（故障码为 P3054）

第二步：使用解码器，读取故障码。

打开点火开关，使用解码器，选择"发动机管理"选项，读取故障码，故障码为 P3054：起动机不转动，卡住或发生电气故障。

对于具有自诊断功能的系统而言，读取故障码是所有检测工作的第一步。如果有故障码，就按照故障码显示的内容展开诊断；如果没有故障码，就根据故障现象，结合电路原理进行分析诊断。

根据故障码显示内容，可能的故障原因有：
（1）起动机电磁开关控制电路故障。
（2）起动机主电路故障。
（3）起动机自身故障。

（拔下起动机电磁开关的 T1v 端插头）

（测量 T1v 端对搭铁的电压）

第三步：测试起动机电磁开关控制电路。

关闭点火开关，拔下起动机电磁开关的 T1v 端插头，起动发动机，测量 T1v 端对搭铁的电压。电压应该先由 0V 变为+B，再由+B 变为 0V，实测一直为 0V，电压异常。

（测量 J710 的 87 端对搭铁的电压）

第四步：测量 J710 的 87 端对搭铁的电压。

关闭点火开关，拔下 J710，用自制的继电器跨接器连接 J710 插座，插入 J710。

打开点火开关，起动发动机，用数字万用表测量 J710 的 87 端对搭铁的电压，电压应该先由 0V 变为+B，再由+B 变为 0V，实测为先由 0V 变为+B，再由+B 变为 0V，电压正常。

35

汽车综合故障诊断与排除

（J710 的 87 端对搭铁电压的正常变化情况）

综合上述实测结果，J710 的 87 端对搭铁的电压正常，而起动机电磁开关的 T1v 端对搭铁的电压异常，说明起动机电磁开关的 T1v 端到 J710 的 87 端之间的线路故障。

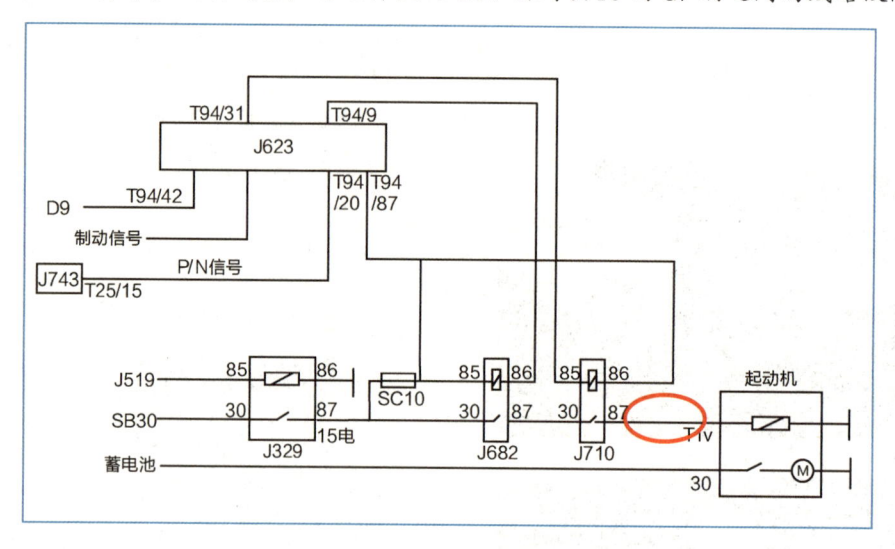

（读取故障码，无故障码显示）

第五步：维修故障线路，恢复所拆卸的部件。

第六步：检查故障码，验证发动机运转状况。

先清除故障码，再读取故障码，此时无故障码显示。

起动发动机，再次读取故障码，此时无故障码显示，发动机运转正常，故障已排除。

项目一 起动机不转的故障检修

任务八　起动机主电路故障诊断与检修

💻 知识目标

（1）掌握仪表显示正常，起动机不转故障检修的流程和分析方法。
（2）掌握起动机主电路的工作原理和检修方法。
（3）掌握起动机不转的故障机理。

视频 1-10：起动机主电路故障诊断与检修

🛠 能力目标

（1）能使用解码器和云诊断系统进行故障信息的读取，确认仪表显示正常，起动机不转故障现象。
（2）能借助云诊断系统、维修手册等识读电路图，分析仪表显示正常，起动机不转故障产生的可能原因。
（3）能根据故障原因，制定仪表显示正常，起动机不转故障检修方案。
（4）能根据检修方案，依据厂家技术标准，正确使用专用工具完成仪表显示正常，起动机不转故障诊断与排除，准确率达到 100%。

❤ 素质目标

（1）通过使用解码器和云诊断系统，锻炼学生信息检索和数据分析的能力。
（2）通过使用维修工具，提升学生的安全责任意识和规范操作意识。
（3）通过制定故障诊断流程，锻炼学生团队协作及自主思考的能力。
（4）养成精益求精的工作作风和严谨求实的劳动态度，增强职业荣誉感。

⚖ 重点难点

重点	难点
能在实车上完成起动机主电路故障的检测与维修任务，准确率达到 100%	能准确制定出起动机主电路故障的诊断流程

客户描述

张先生的一辆 2013 款迈腾 B7 轿车，已行驶 9 万千米，自从维修过自动变速器以后，时常发生起动机不转的现象，今天下班时他发现起动机完全不能起动，现来电求援。

故障分析

由于打开点火开关时，仪表显示正常，说明整车 15 电供电正常。但是起动机不转，通

汽车综合故障诊断与排除

过前面任务的学习，我们已知道该故障可能的原因，如图 1-23 所示。

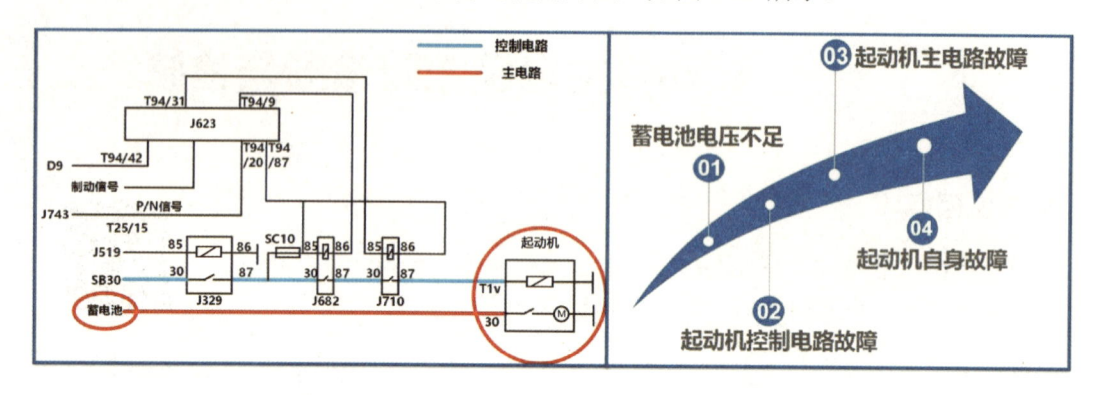

图 1-23　仪表显示正常，起动机不转的故障原因

实施准备

安全准备：做好汽车安全防护与准备工作（车轮垫块、举升垫块的安装，座椅四件套、翼子板布的安装，以及机油、冷却液、制动液的检查）。

工具设备：数字万用表、故障诊断仪（红盒子）、跨接线若干。

实训汽车：2013 款迈腾 B7 轿车。

辅助资料：汽车原厂维修手册、原厂电路图。

实训步骤

（开大灯）	
（测量蓄电池电压）	**第一步：测量蓄电池电压。** 开大灯，测量蓄电池电压，应该为+B，实测为+B，电压正常。

项目一
起动机不转的故障检修

第二步：使用解码器，读取故障码。

打开点火开关，使用解码器，选择"发动机管理"选项，读取故障码，故障码如下。

P3054：起动机不转动，卡住或发生电气故障。

P3052：起动机控制装置返回的信息 50 对正极短路。

对于具有自诊断功能的系统而言，读取故障码是所有检测工作的第一步。如果有故障码，就按照故障码显示的内容展开诊断；如果没有故障码，就根据故障现象，结合电路原理进行分析诊断。

（故障码为 P3054、P3052）

根据故障码显示内容，可能的原因有：
（1）起动机电磁开关控制电路故障。
（2）起动机主电路故障。
（3）起动机自身故障。

第三步：测试起动机控制电路。

关闭点火开关，拔下起动机电磁开关的 T1v 端插头，起动发动机，测量 T1v 端对搭铁的电压。电压应该先由 0V 变为+B，再由 +B 变为 0V，实测为先由 0V 变为+B，再由 +B 变为 0V，电压正常。

（测量 T1v 端对搭铁的电压）

（T1v 端对搭铁电压的正常变化情况）

以上实测结果说明起动机电磁开关 T1v 端电压正常，但是起动机不转，可能的原因有：
（1）起动机主电路故障。
（2）起动机自身故障。

第四步：测试起动机主电路。

拆下起动机主接线柱 30 端的防护罩，用数字万用表测量主接线柱 30 端与起动机外壳之间的电压，应该为+B，实测为 3.46V，电压异常。

（测量主接线柱 30 端与起动机外壳之间的电压）

用数字万用表测量主接线柱 30 端与蓄

39

汽车综合故障诊断与排除

电池负极之间的电压，应该为+B，实测为+B，电压正常。

以上实测结果说明，起动机外壳与蓄电池负极之间的线路故障。

（测量主接线柱30端与蓄电池负极之间的电压）

分析：由维修手册可知，该款迈腾轿车起动机与蓄电池之间的搭铁电路由两段电路组成，一段为蓄电池负极到车架搭铁的电路，另一段为车架到起动机外壳搭铁点的电路。

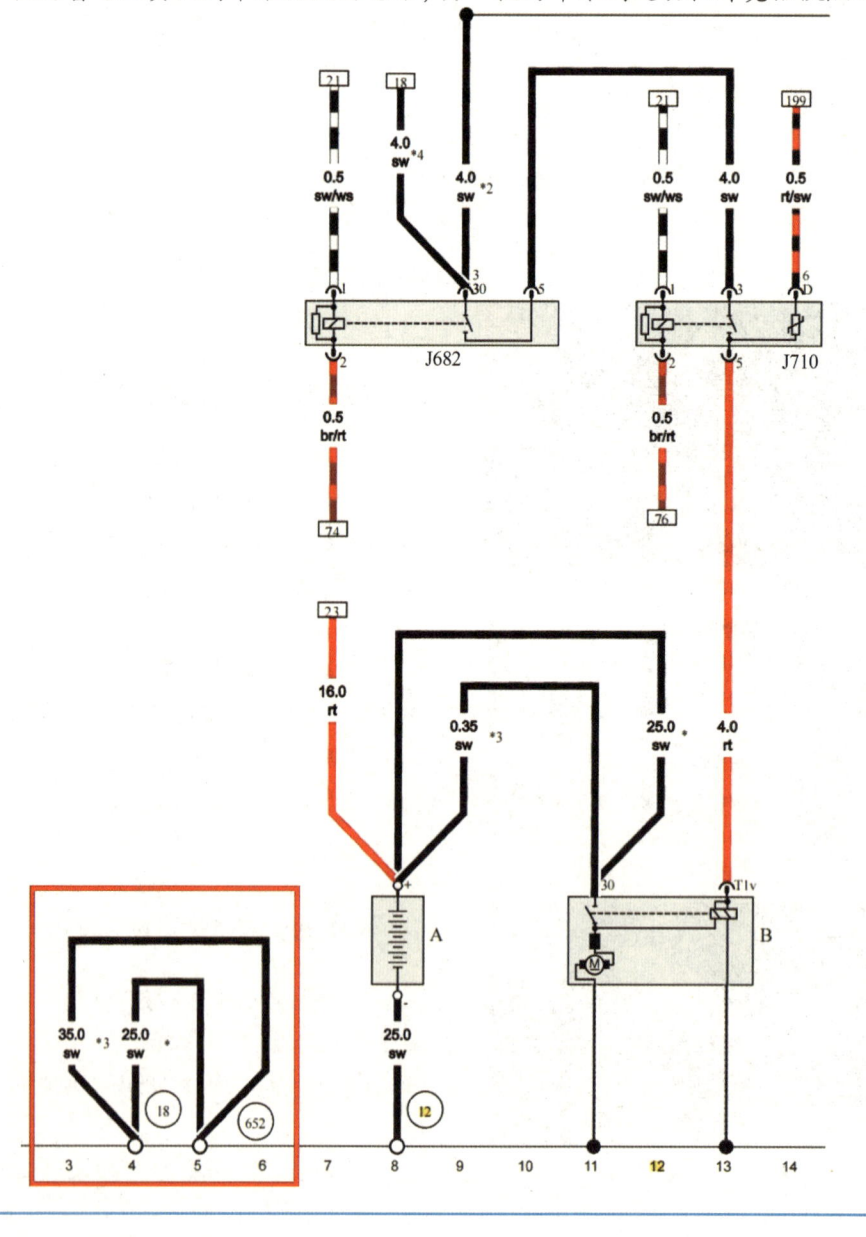

40

项目一
起动机不转的故障检修

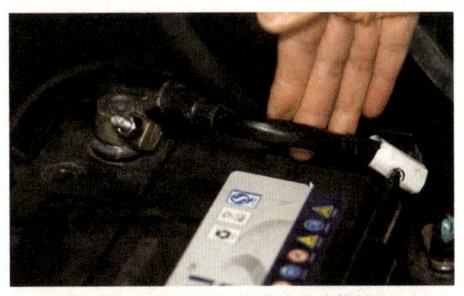

（检查蓄电池负极到车架搭铁的连接情况）

（检查车架到起动机外壳搭铁点线路的连接情况）

第五步：检查起动机搭铁线路。

关闭点火开关，检查蓄电池负极到车架搭铁线路的连接情况，连接正常。

检查车架到起动机外壳搭铁点线路的连接情况，发现连接处松动并锈蚀。

（读取故障码，无故障码显示）

第六步：维修故障线路，恢复所拆卸的部件。

第七步：检查故障码，验证发动机运转状况。

先清除故障码，再读取故障码，此时无故障码显示。

起动发动机，再次读取故障码，此时无故障码显示，发动机运转正常，故障已排除。

41

项目 二

起动机运转而发动机不能起动的故障检修

学习目标

完成本项目的学习任务后,能够:
(1) 叙述发动机点火系统的功能作用及结构原理。
(2) 叙述发动机燃油系统的功能作用及结构原理。
(3) 根据整车电路图绘制出发动机点火、燃油系统的电路简图,并分析其控制原理。
(4) 查找发动机点火及燃油系统相关元件的安装位置。
(5) 根据故障现象和查阅资料获取的信息,分析故障原因,并在教师的指导下制定故障诊断方案,完成故障诊断流程的编制。
(6) 在教师的指导下,以小组合作的方式,按照拟定的流程和规范操作的要求诊断与排除起动机运转而发动机不能起动的故障。
(7) 对工作任务的完成情况进行正确评估和反思,制定其他相关故障的诊断流程并实施。

建议学时

10 学时

任务一 发动机点火控制电路分析

知识目标

(1) 掌握迈腾 B7 点火系统的组成。
(2) 掌握迈腾 B7 点火系统各元件在实车上的安装位置。
(3) 掌握迈腾 B7 点火电路原理。

视频 2-1:发动机点火控制电路分析

项目二
起动机运转而发动机不能起动的故障检修

⚒ 能力目标

（1）根据迈腾 B7 发动机维修手册，能在实车上找到迈腾 B7 点火系统各元件的安装位置，准确率达到 100%。

（2）根据迈腾 B7 发动机维修手册，能绘制出点火电路简图，不得多线、漏线，准确率达到 100%。

（3）能自主准确地分析迈腾 B7 点火电路原理。

💓 素质目标

（1）通过绘制电路图环节，培养学生细致严谨、精益求精的工作态度。

（2）通过分析电路原理环节，帮助学生获得职业认同感、提升职业素养、树立职业自信心。

（3）强化爱国主义教育，激励学生努力学习，为国家工业发展贡献力量。

⚖ 重点难点

重点	难点
根据迈腾 B7 发动机维修手册，能绘制出点火电路简图，不得多线、漏线，准确率达到 100%	能自主准确地分析迈腾 B7 点火电路原理

知识准备

1. 迈腾 B7 点火系统电路分析

迈腾 B7 点火系统采用微机独立控制的无分电器点火系统，即每缸由一个点火线圈控制一个火花塞工作，如图 2-1 所示。

具体电路分析：由 J623 分别与每缸点火线圈的 3 端相连，提供点火信号；每缸点火线圈的 1 端为电源端，均与 SB10 相连，而 SB10 与 J271 的 87 端相连，由 J271 供电（J271 的电路，我们在项目一中已经进行了介绍，这里不再赘述）。点火线圈电源电路如图 2-2 所示。

每缸点火线圈的 2 端均与总搭铁点 673 相连，总搭铁点 673 在发动机左前纵梁上，如图 2-3 所示，图中 C 表示左前纵梁上的接地点。

2. 迈腾 B7 点火系统各元件安装位置

点火系统主要由 J623、SB10、J271、各缸点火线圈及各缸火花塞等组成。我们已经知晓 J623、J271 的安装位置，下面我们来了解其他元件的安装位置。

汽车综合故障诊断与排除

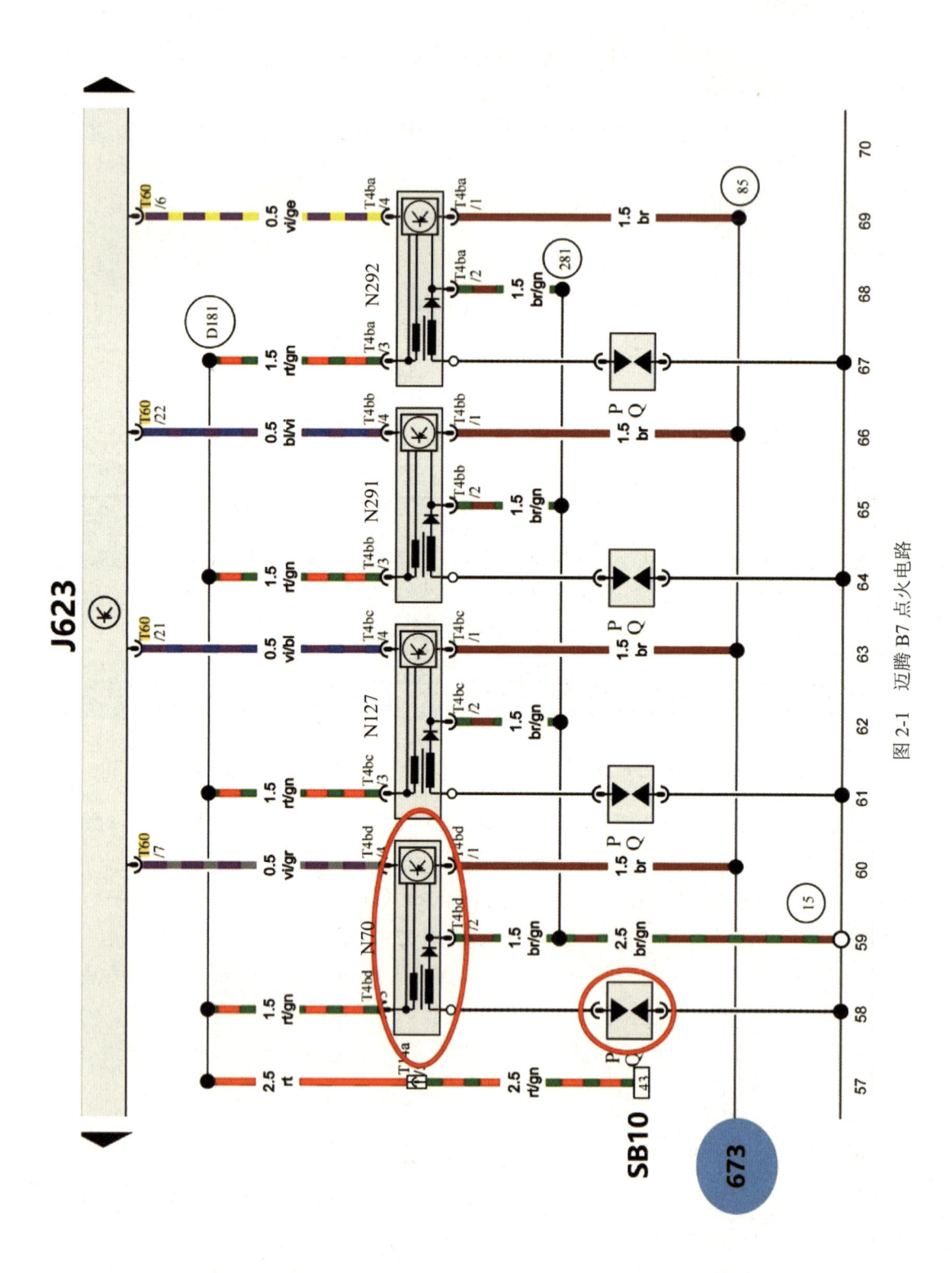

图 2-1 迈腾 B7 点火电路

44

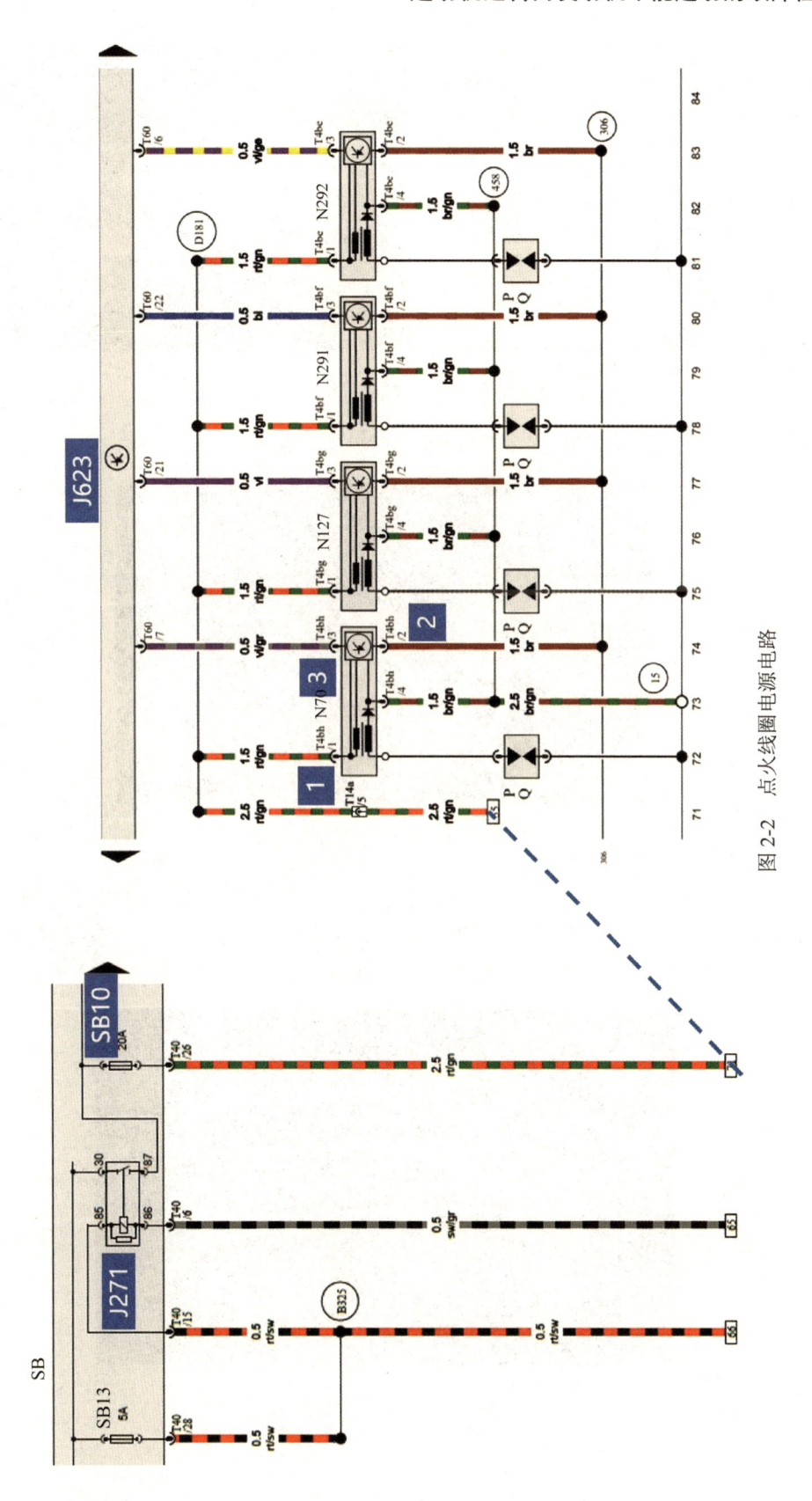

项目二
起动机运转而发动机不能起动的故障检修

图 2-2 点火线圈电源电路

45

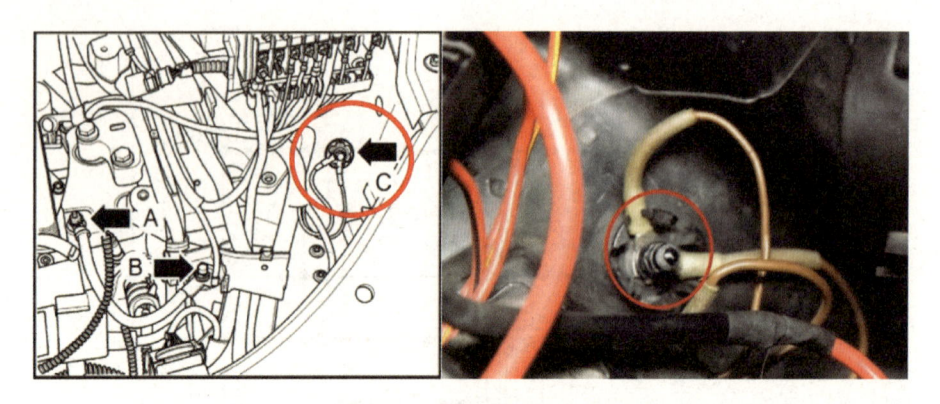

图 2-3　迈腾 B7 点火线圈总搭铁点 673 位置图

SB10 安装在发动机舱左侧电控箱保险丝架 B 上编号为 10 的插座上，如图 2-4 所示。

图 2-4　SB10 的安装位置

点火线圈安装在发动机缸盖的上方；火花塞安装在点火线圈的下方，断开点火线圈插接器，拔出点火线圈，使用套筒工具可将火花塞取出；点火线圈与火花塞一体结构的安装位置如图 2-5 所示，发动机为四缸发动机，故有四个这样的一体结构并排放置。

图 2-5　点火线圈与火花塞一体结构的安装位置

任务二　发动机燃油电路分析

📺 知识目标

（1）掌握迈腾 B7 燃油系统的组成。
（2）掌握迈腾 B7 燃油系统各元件在实车上的位置。
（3）掌握迈腾 B7 燃油电路原理。

视频 2-2：发动机燃油电路分析

🔧 能力目标

（1）根据迈腾 B7 发动机维修手册，能在实车上找到迈腾 B7 燃油系统各元件安装位置，准确率达到 100%。
（2）根据迈腾 B7 发动机维修手册，能绘制出燃油电路简图，不得多线、漏线，准确率达到 100%。
（3）能自主准确地分析迈腾 B7 燃油电路原理。

💗 素质目标

（1）通过绘制电路图环节，培养学生细致严谨、精益求精的工作态度。
（2）通过分析电路原理环节，帮助学生获得职业认同感、提升职业素养、树立职业自信心。
（3）强化爱国主义教育，激励学生努力学习，为国家工业发展贡献力量。

⚒ 重点难点

重点	难点
根据迈腾 B7 发动机维修手册，能绘制出燃油电路简图，不得多线、漏线，准确率达到 100%	能自主准确地分析迈腾 B7 燃油电路原理

知识准备

1. 迈腾 B7 燃油系统工作过程

迈腾 B7 燃油系统主要由燃油泵预供给总成、低压油管、燃油压力调节阀 N276、燃油高压泵、高压油管、燃油压力传感器 G247、燃油分配器和喷油阀等组成。其中燃油泵预供给总成主要包括燃油箱、预供给燃油泵 G6、燃油滤清器和燃油泵控制单元 J538 等。

汽车综合故障诊断与排除

燃油供给系统的工作原理是，J538 控制预供给燃油泵从燃油箱中吸出燃油，经燃油滤清器过滤后通过低压油路将燃油送至燃油高压泵，燃油高压泵由发动机凸轮轴方形凸轮驱动，将低压燃油加压，经过安装在高压泵上的 N276 调压后，送入燃油分配器，通过电磁喷嘴根据发动机喷油时间将燃油供入气缸。燃油供给系统结构如图 2-6 所示。

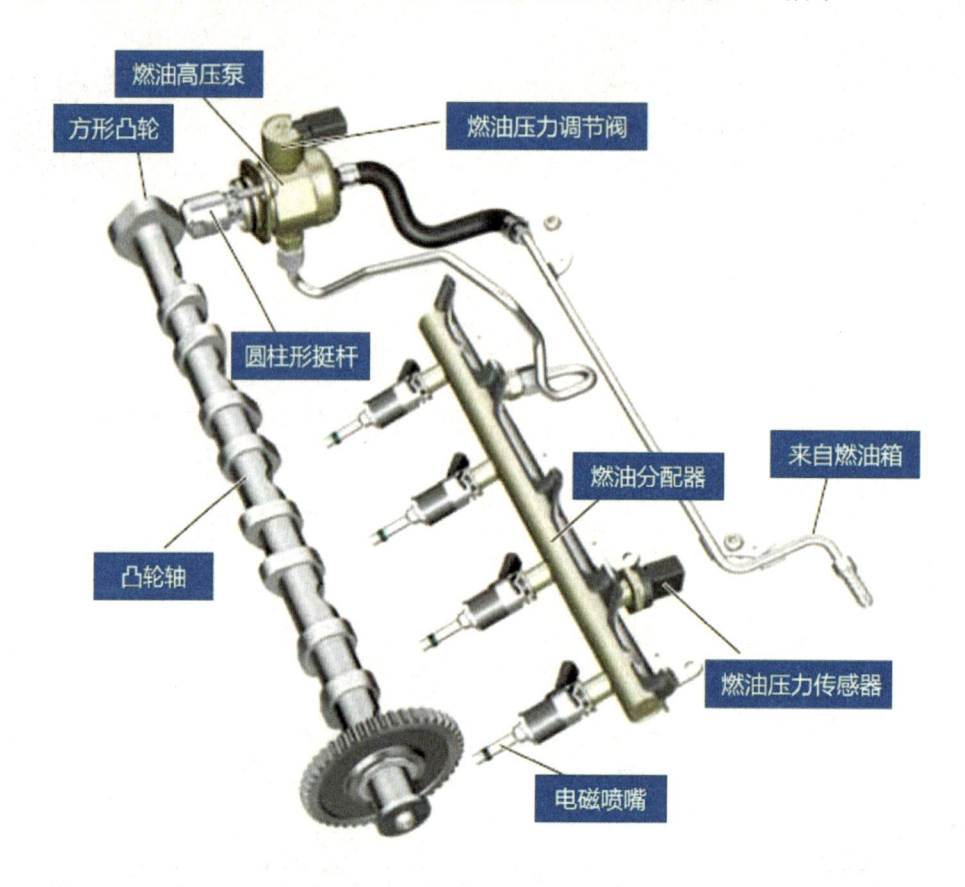

图 2-6　燃油供给系统结构

G247 安装在燃油分配管路上，测量高压燃油的压力，并将压力信号发送给 J623，J623 对这个信号进行分析，通过 N276 来调节燃油分配器管路内的压力，如图 2-7 所示。

2. J538 电路分析

迈腾 B7 燃油系统主要包括 J538、N276、各缸喷油阀的控制电路。

G6 由 J538 控制，J538 有两个插接器，一个为 5 引脚插接器，其中 1 端、5 端连接 G6，2 端、3 端、4 端连接燃油存量传感器 G，如图 2-8 所示。另一个为 10 引脚插接器，其中，1 端为 J538 主电源的正极，与保险丝 SC36 相连；4 端、8 端、5 端与 J285 相连，为 J285 提供相关信号，控制相关仪表工作；2 端与 J623 的 T94/30 端相连，是信号端，用于接收 J623 发出的 0V～+B 的方波供油信号；3 端与 SC10 相连，用于接收 SC10 传来的 15 电信号，当接收到该信号时，J538 开始控制 G6 预供油；7 端与 J519 相连，用于接收 J519 传来的车门开闭信号，当接收到该信号时，J538 开始控制 G6 预供油，如图 2-9 所示。

根据整车电路图画出 J538 的电路简图，如图 2-10 所示。

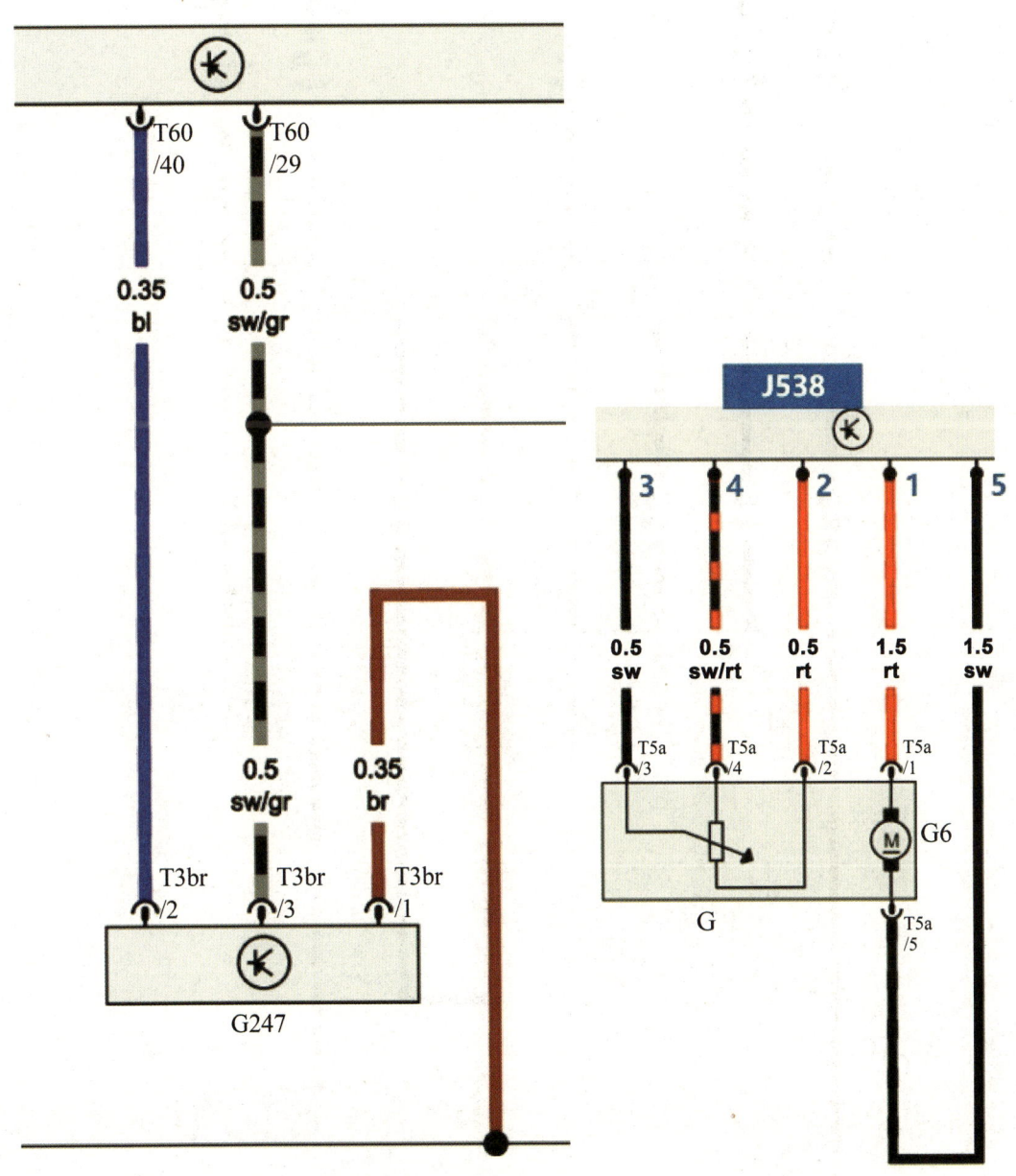

图 2-7　G247 的电路图

图 2-8　G6 和 G 的电路图

汽车综合故障诊断与排除

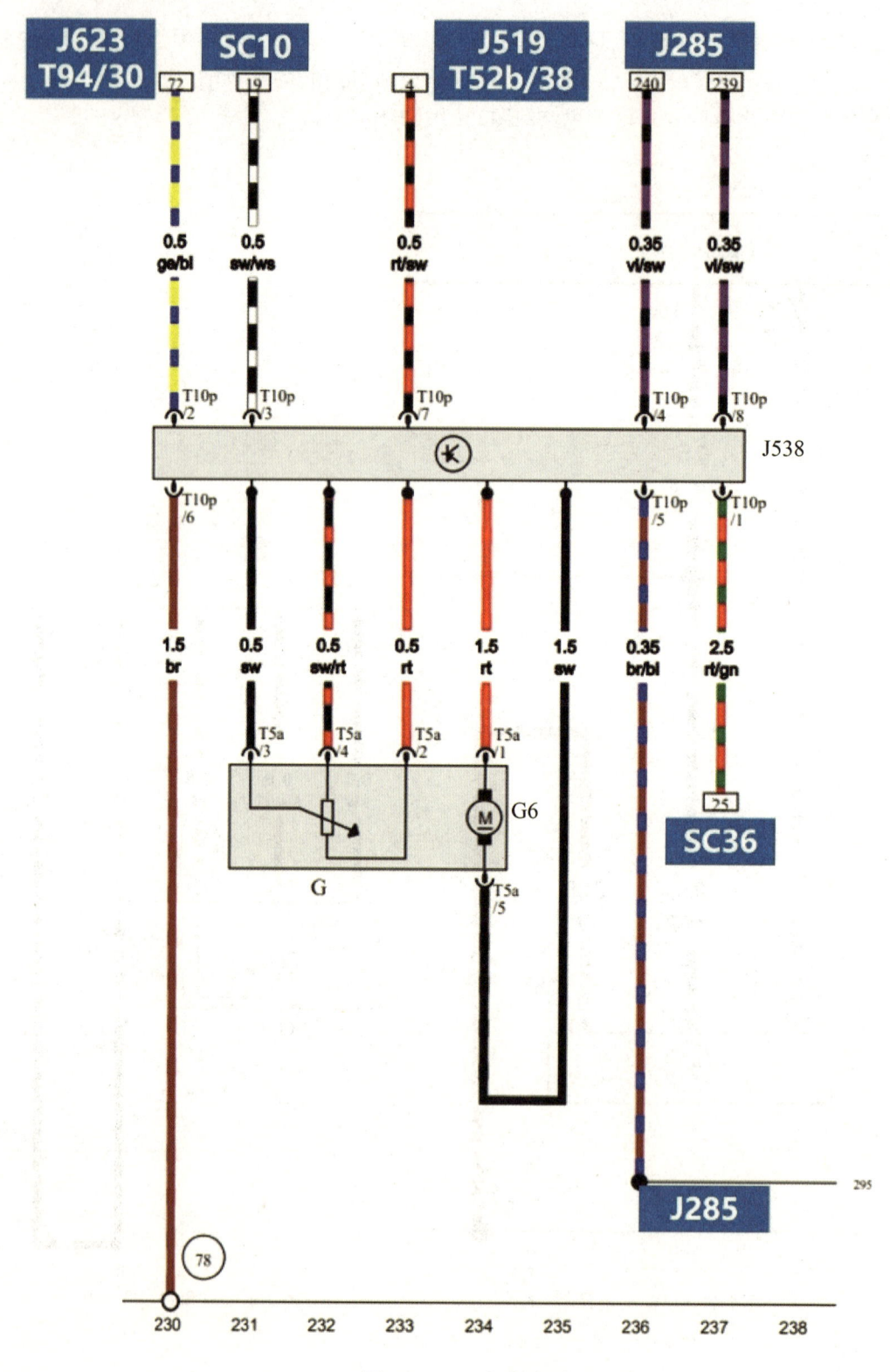

图 2-9　J538 电路图

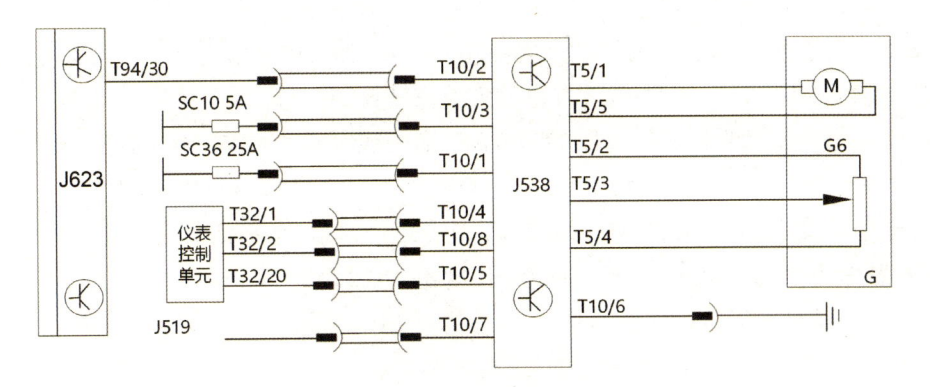

项目二
起动机运转而发动机不能起动的故障检修

图 2-10 J538 的电路简图

3. N276 电路分析

下面我们分析燃油系统中 N276 的电路，如图 2-11 所示。

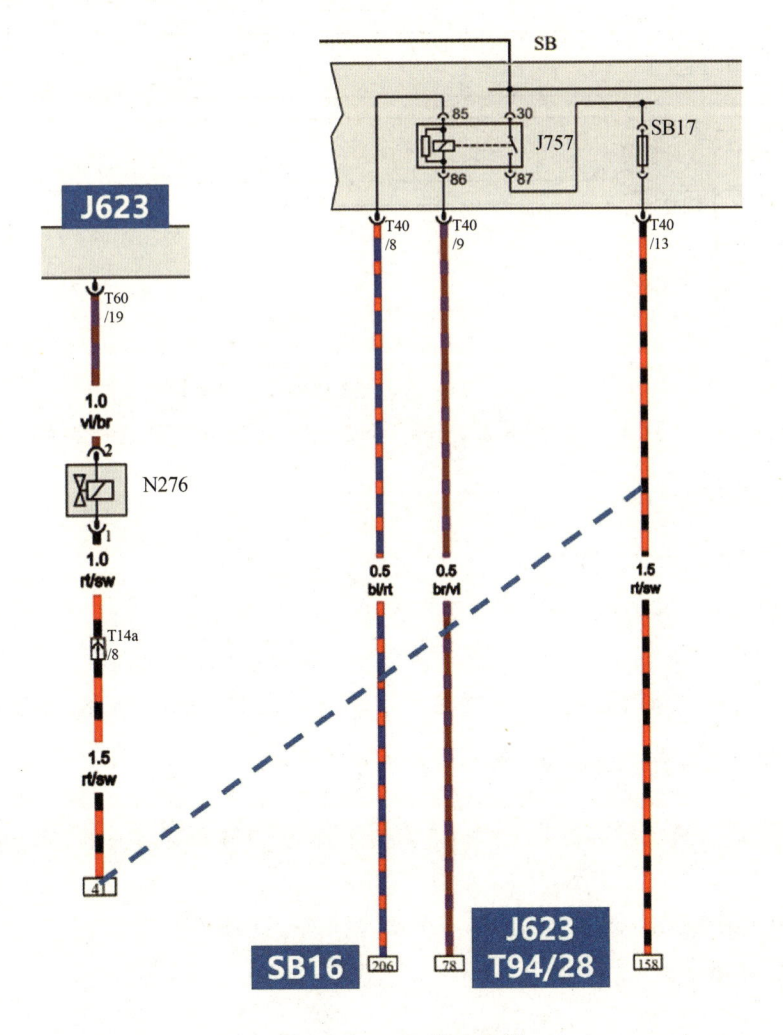

图 2-11 N276 的电路图

51

N276 一共有两个端，其中，1 端是电源端，与保险丝 SB17 相连；2 端与 J623 的 T60/19 端相连，是信号端，用于接收 J623 发出的方波搭铁控制信号。

SB17 与发动机部件供电继电器 J757 的 87 端相连，通过 J757 的触点开关获得 30 电。

J757 的触点开关受其线圈控制，J757 线圈的 85 端与保险丝 SB16 相连，是电源端；J757 线圈的 86 端与 J623 的 T94/28 端相连，由 J623 控制内部搭铁。

根据整车电路图画出 N276 的电路简图，如图 2-12 所示。

当点火开关打开后，J623 的 T94/28 端控制 J757 线圈的 86 端搭铁，正极的电流经过 SB16、J757 的线圈，流向 J623 的 T94/28 端搭铁，形成回路，J757 线圈通电。

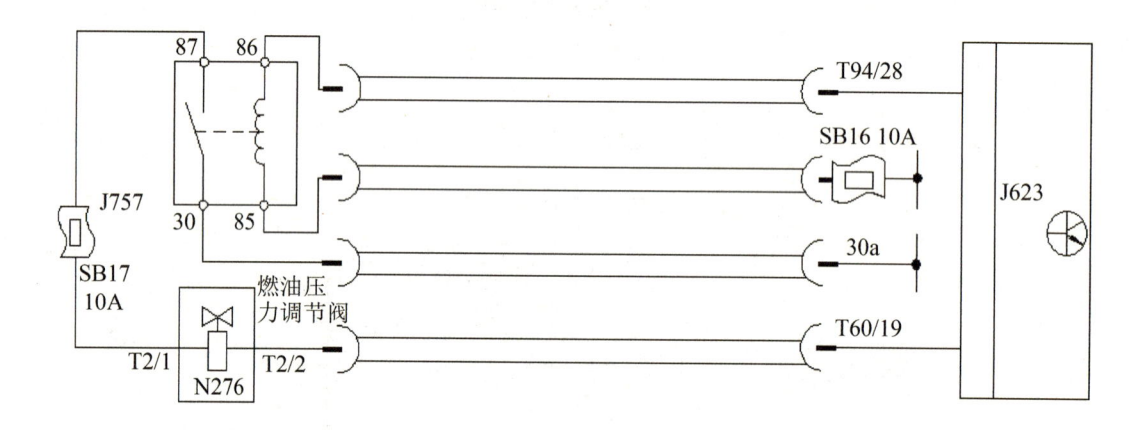

图 2-12 N276 的电路简图

J757 触点开关闭合，使正极电流经过 J757 触点开关、SB17，到 N276 的 1 端、N276 的 2 端，流向 J623 的 T60/19 端经 J623 搭铁。N276 由 J623 的 T60/19 端控制搭铁。

4. 喷油阀电路分析

接下来我们分析燃油系统中的喷油阀电路，如图 2-13 所示。

迈腾发动机四个缸对应的喷油阀分别为 N30、N31、N32 和 N33。它们均由 J623 进行双线控制。每个喷油阀的 1 端是电源端，由 J623 提供脉冲电源控制信号；2 端为搭铁端，由 J623 提供脉冲搭铁控制信号。四个喷油器与 J623 之间通过插接器 T8y 相连。

5. 燃油系统各元件安装位置

迈腾 B7 燃油系统主要由 J538、N276、各缸喷油阀、J757、SC10、SC36、SB16、SB17 等组成。

J538 与燃油箱、G6、燃油滤清器等一起构成燃油泵预供给总成，安装位置在后排座椅下方，如图 2-14 所示。

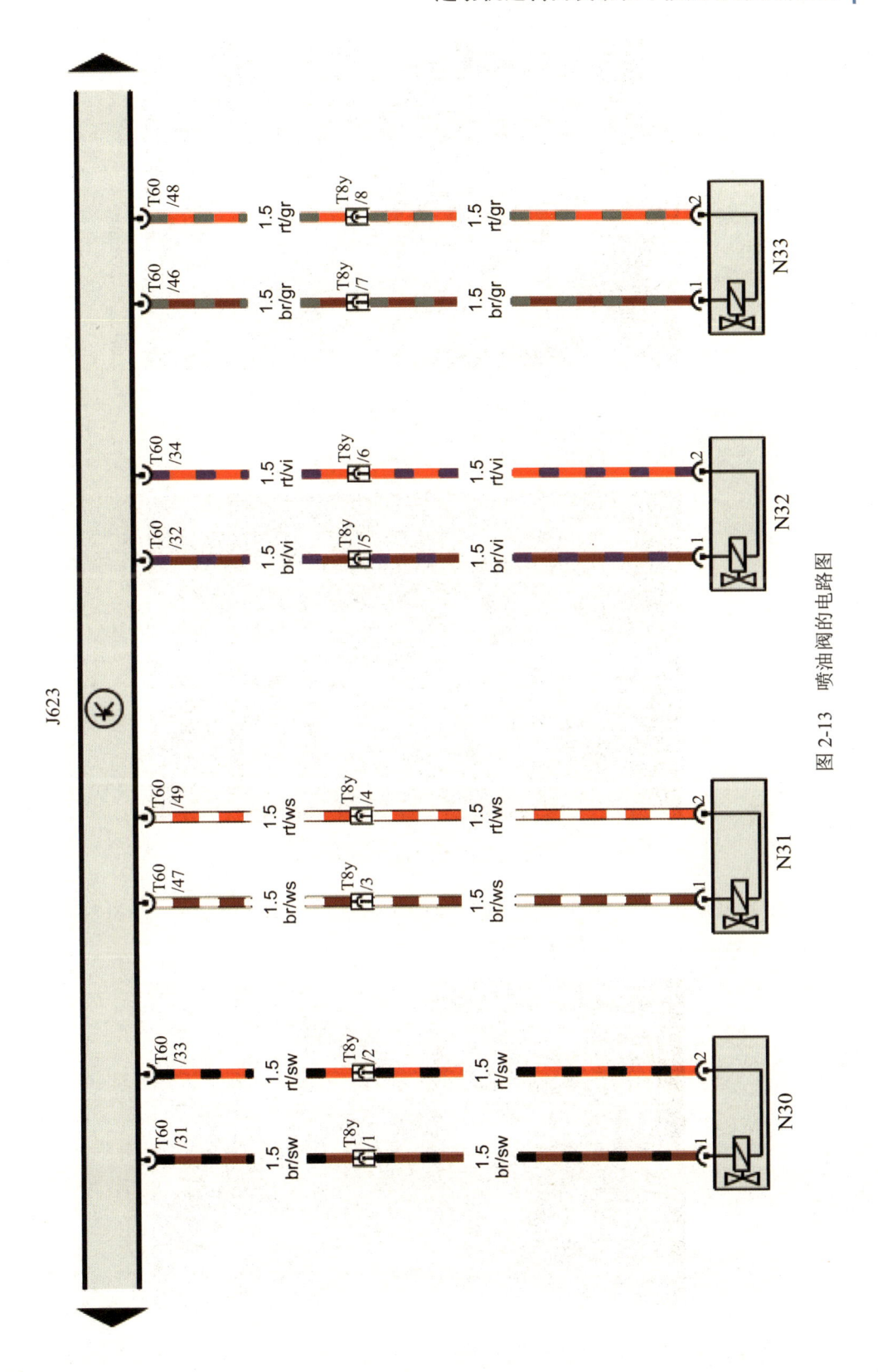

项目二
起动机运转而发动机不能起动的故障检修

图 2-13 喷油阀的电路图

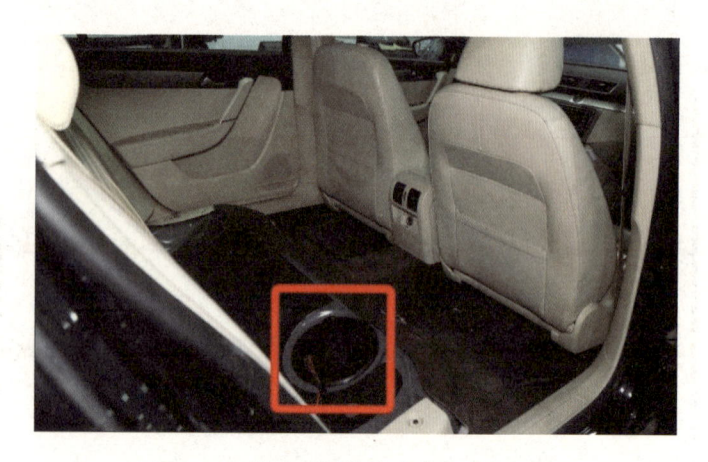

图 2-14　燃油泵预供给总成的安装位置

N276 安装在四缸发动机的后侧，如图 2-15 所示。

图 2-15　N276 的安装位置

各缸喷油阀安装在发动机缸盖左侧，其与 J623 连接的 T8y 安装在发动机左下方，一个黑色的八引脚插接器，如图 2-16 所示。

图 2-16　T8y 的安装位置

J757 安装在发动机舱左侧电控箱内的 A1 号位，如图 2-17 所示。

图 2-17　J757 的安装位置

SC10 安装在驾驶员侧仪表板端面保险丝架 C 上编号为 10 的插座位置上。
SC36 安装在驾驶员侧仪表板端面保险丝架 C 上编号为 36 的插座位置上。
SB16 安装在发动机舱左侧电控箱保险丝架 B 上编号为 16 的插座位置上。
SB17 安装在发动机舱左侧电控箱保险丝架 B 上编号为 17 的插座位置上。

任务三　点火线圈供电故障诊断与检修

知识目标

（1）掌握仪表显示正常，起动机运转而发动机不能起动故障检修的流程和分析方法。
（2）掌握点火线圈供电电路的工作原理和检修方法。
（3）掌握起动机运转而发动机不能起动故障机理。

视频 2-3：点火线圈供电故障诊断与检修

能力目标

（1）能使用解码器和云诊断系统进行故障信息的读取，确认仪表显示正常，起动机运转而发动机不能起动故障现象。
（2）能借助云诊断系统、维修手册等识读电路图，分析仪表显示正常，起动机运转而发动机不能起动故障产生的可能原因。
（3）能根据故障原因，制定仪表显示正常，起动机运转而发动机不能起动故障检修方案。
（4）能根据检修方案，依据厂家技术标准，正确使用专用工具完成仪表显示正常，起动机运转而发动机不能起动故障诊断与排除，准确率达到 100%。

素质目标

（1）通过使用解码器和云诊断系统，锻炼学生信息检索和数据分析的能力。
（2）通过使用维修工具，提升学生的安全责任意识和规范操作意识。
（3）通过制定故障诊断流程，锻炼学生团队协作及自主思考的能力。
（4）养成精益求精的工作作风和严谨求实的劳动态度，增强职业荣誉感。

重点难点

重点	难点
能在实车上完成点火线圈供电故障的检测与维修任务，准确率达到 100%	能准确制定出点火线圈供电故障的诊断流程

客户描述

陈先生来电求援，他的一辆迈腾 B7 轿车，行驶里程为 12 万千米，今天使用该车时，发现发动机不能起动，但起动机能转动，没有着车征兆。打开点火开关，仪表显示正常，能听到油泵运转的声音。

故障分析

根据故障现象可知，气缸内没有任何混合气燃烧的迹象，对可能的故障原因进行分析，如图 2-18 所示。

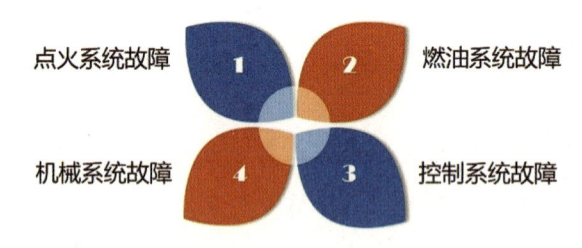

图 2-18　起动机运转而发动机不能起动的故障原因

实施准备

安全准备：做好汽车安全防护与准备工作（车轮垫块、举升垫块的安装，座椅四件套、翼子板布的安装，以及机油、冷却液、制动液的检查）。
工具设备：数字万用表、故障诊断仪（红盒子）、跨接线若干。

项目二
起动机运转而发动机不能起动的故障检修

实训汽车：2013 款迈腾 B7 轿车。
辅助资料：汽车原厂维修手册、原厂电路图。

实训步骤

（不存在故障码）

第一步：使用解码器，读取故障码。

打开点火开关，使用解码器，选择"发动机管理"选项，读取故障码，发现无故障码。

在没有故障码的情况下，可以围绕气缸内没有混合气燃烧进行诊断。通常，造成混合气不燃烧的主要原因有：
（1）点火系统没有点火。
（2）燃油系统没有喷油。
（3）电控系统故障。

下面我们进行吊火测试，判断点火系统工作是否正常。

（将 1 缸的点火线圈拔离火花塞 8~10mm）

第二步：点火线圈吊火试验。

将 1 缸的点火线圈拔离火花塞 8~10mm，起动发动机，应该听到清脆的高压跳火放电声。实际试验结果为听不到清脆的高压跳火放电声。

以上试验结果说明点火系统没有点火，可能的原因有：
（1）点火线圈或其电路故障。
（2）J623 或其相关电路故障。

57

汽车综合故障诊断与排除

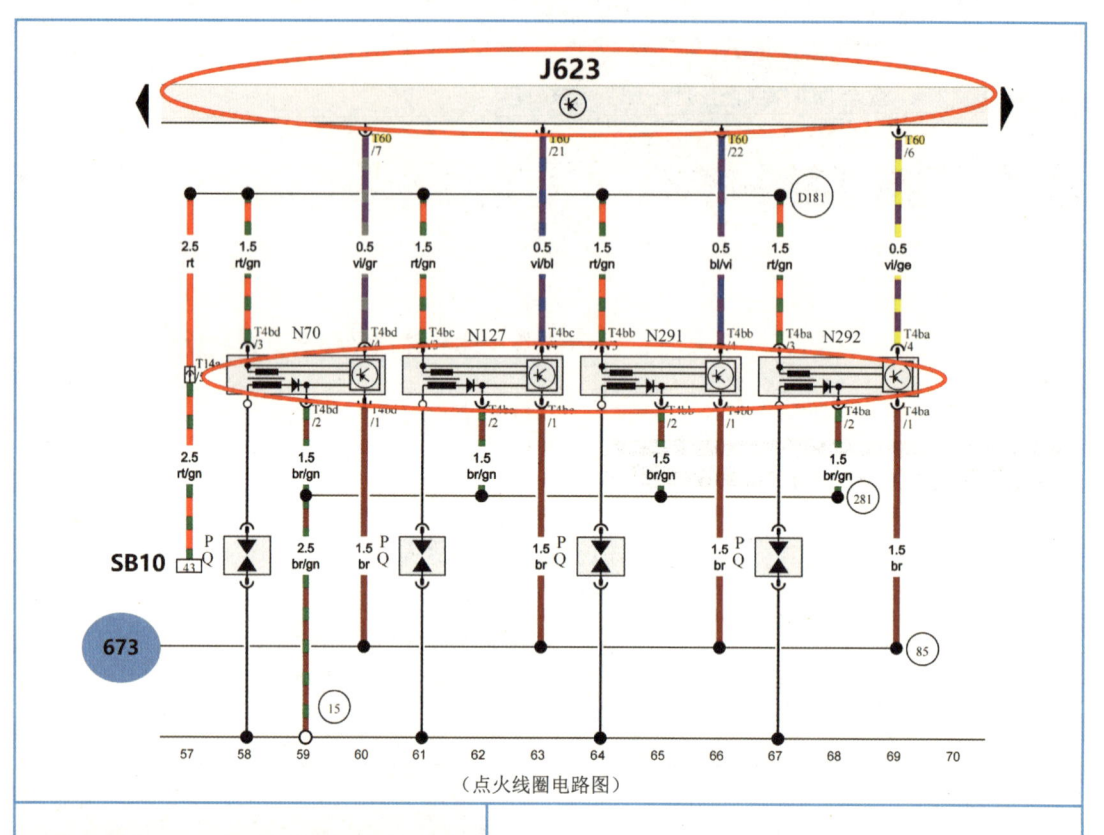

（点火线圈电路图）

（测量点火线圈 N70 的 1 端、2 端之间的电压）

（测量点火线圈 N70 的 1 端对搭铁的电压）

第三步：1 缸点火线圈供电检查。

关闭点火开关，拔下 1 缸点火线圈插接器，打开点火开关，用数字万用表测量 1 缸点火线圈 N70 的 1 端、2 端之间的电压，在正常情况下应为+B，实测为 0V，电压异常。

用数字万用表测量 1 缸点火线圈 N70 的 1 端对搭铁的电压，在正常情况下应为+B，实测为+B，电压正常。

测量结果表明，1 缸点火线圈 N70 的 2 端搭铁异常。

分析：由于四只点火线圈共用搭铁点，所以发动机起动无着火征兆的可能原因为四只点火线圈共同搭铁点故障。

项目二
起动机运转而发动机不能起动的故障检修

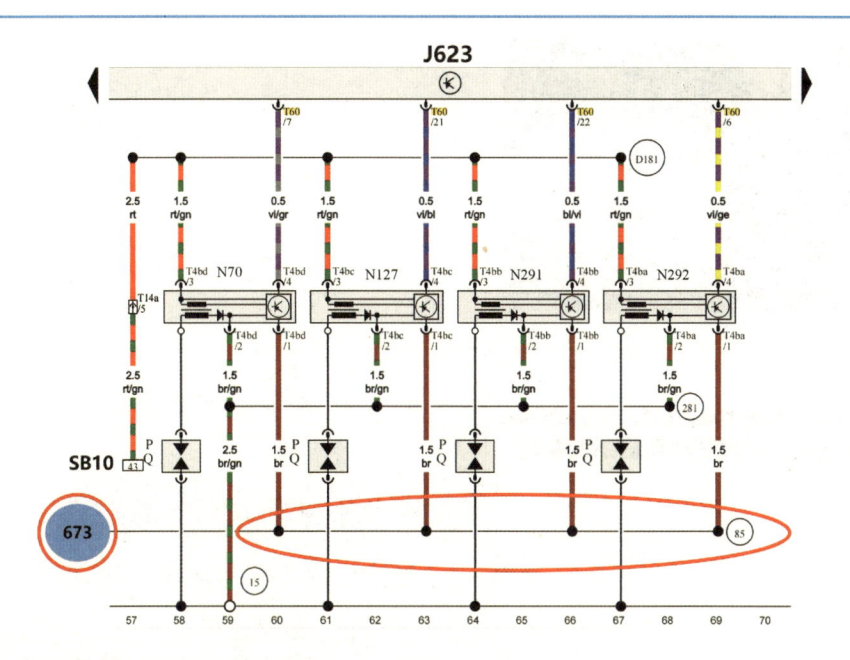

下面通过检查 2 缸点火线圈的供电情况进行验证。

（测量点火线圈 N127 的 1 端、2 端之间的电压）

（测量点火线圈 N127 的 1 端对搭铁的电压）

第四步：2 缸点火线圈供电检查。

关闭点火开关，拔下 2 缸点火线圈插接器，打开点火开关，用数字万用表测量 2 缸点火线圈 N127 的 1 端、2 端之间的电压，在正常情况下应为+B，实测为 0V，电压异常。

用数字万用表测量 2 缸点火线圈 N127 的 1 端对搭铁的电压，应该为+B，实测为+B，电压正常。

测量结果表明，2 缸点火线圈的 2 端搭铁也异常。

（测量点火线圈 N127 的 2 端与点火线圈总搭铁点 673 之间的电阻值）

第五步：测量 2 缸点火线圈搭铁线路的通断。

关闭点火开关，用数字万用表测量 2 缸点火线圈 N127 的 2 端与点火线圈总搭铁点 673 之间的电阻值，应该小于 1Ω，实测无穷大，电阻值异常。

综合上述实测结果，说明四个缸的点火线圈 2 端与总搭铁点 673 之间的线路故障。

59

(点火线圈的总搭铁点 673)

第六步：维修故障线路，恢复所拆卸的部件。

第七步：检查故障码，验证发动机运转状况。

先清除故障码，再读取故障码，此时无故障码显示。

起动发动机，再次读取故障码，此时无故障码显示，发动机运转正常，故障已排除。

(读取故障码，无故障码显示)

任务四　燃油泵控制单元供电故障诊断与检修

知识目标

（1）掌握仪表显示正常，起动机运转而发动机不能起动故障检修的流程和分析方法。

（2）掌握燃油泵控制单元供电电路的工作原理和检修方法。

（3）掌握起动机运转而发动机不能起动故障机理。

视频 2-4：燃油泵控制单元供电故障诊断与检修

能力目标

（1）能使用解码器和云诊断系统进行故障信息的读取，确认仪表显示正常，起动机运转而发动机不能起动故障现象。

（2）能借助云诊断系统、维修手册等识读电路图，分析仪表显示正常，起动机运转而发动机不能起动故障产生的可能原因。

（3）能根据故障原因，制定仪表显示正常，起动机运转而发动机不能起动故障检修方案。

（4）能根据检修方案，依据厂家技术标准，正确使用专用工具完成仪表显示正常，起

项目二
起动机运转而发动机不能起动的故障检修

动机运转而发动机不能起动故障诊断与排除，准确率达到100%。

素质目标

（1）通过使用解码器和云诊断系统，锻炼学生信息检索和数据分析的能力。
（2）通过使用维修工具，提升学生的安全责任意识和规范操作意识。
（3）通过制定故障诊断流程，锻炼学生团队协作及自主思考的能力。
（4）养成精益求精的工作作风和严谨求实的劳动态度，增强职业荣誉感。

重点难点

重点	难点
能在实车上完成燃油泵控制单元供电故障的检测与维修任务，准确率达到100%	能准确制定出燃油泵控制单元供电故障的诊断流程

客户描述

一辆2013款迈腾B7轿车，行驶里程为5万千米，车主来电反映，行车过程中发动机逐渐熄火，起动发动机发现起动机能转动，但是不能着车。打开点火开关，听不到油泵运转的声音。

故障分析

由于打开点火开关时听不到油泵运转的声音，说明油泵预供油异常，并且车主反映在行车过程中发动机逐渐熄火，可能的原因为供油系统故障。

实施准备

安全准备：做好汽车安全防护与准备工作（车轮垫块、举升垫块的安装，座椅四件套、翼子板布的安装，以及机油、冷却液、制动液的检查）。
工具设备：数字万用表、故障诊断仪（红盒子）、跨接线若干。
实训汽车：2013款迈腾B7轿车。
辅助资料：汽车原厂维修手册、原厂电路图。

实训步骤

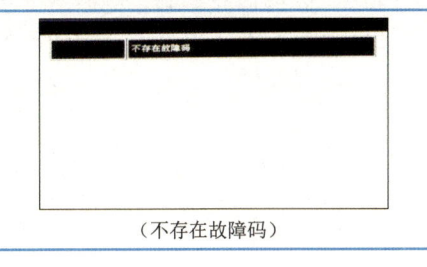

（不存在故障码）

第一步：使用解码器，读取故障码。

打开点火开关，使用解码器，选择"发动机管理"选项，读取故障码，发现无故障码。

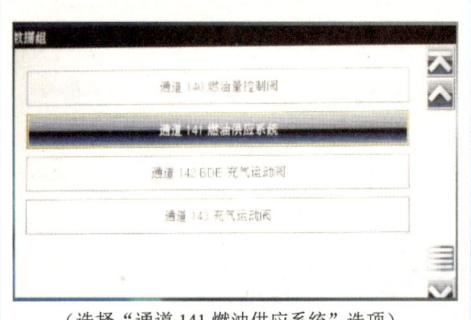

(选择"通道141燃油供应系统"选项)

第二步:读取油轨压力。

用解码器读取数据流,油轨压力应为7bar以上,实测压力只有1.65bar,油轨压力异常。

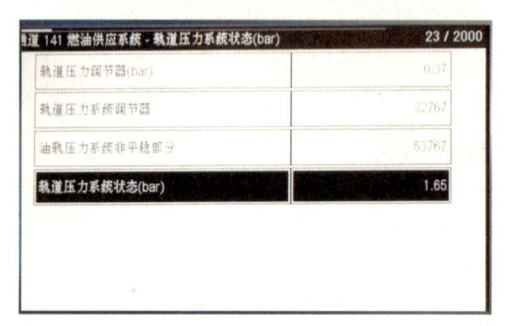

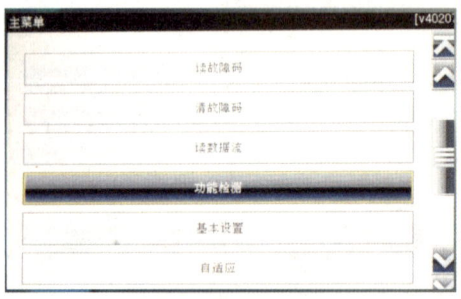

(选择"功能检测"选项)

(测试结果)

第三步:进行燃油泵驱动测试。

用解码器选择"功能检测"选项,测试燃油泵运行状况,测试结果为听不到燃油泵运转的声音。

以上测试结果说明可能的原因有:
(1)J538或其电路故障。
(2)J623或其相关电路故障。

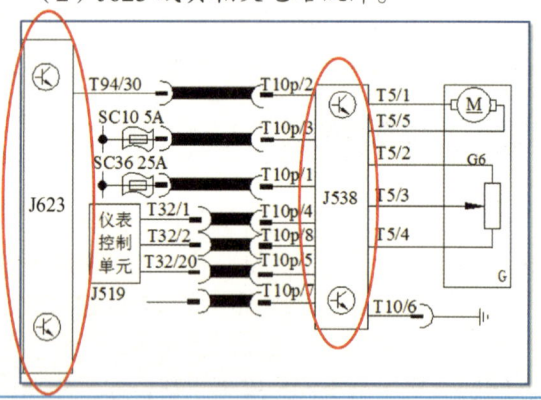

(测量J538的1端、6端之间的电压)

第四步:J538供电检查。

关闭点火开关,拆卸后排座椅,拔下J538的插接器,打开点火开关,用数字万用表测量J538的1端、6端之间的电压,应该为+B,实测为0V,电压异常。

用数字万用表测量J538的1端对搭铁的电压,应该为+B,实测为0V,电压异常。

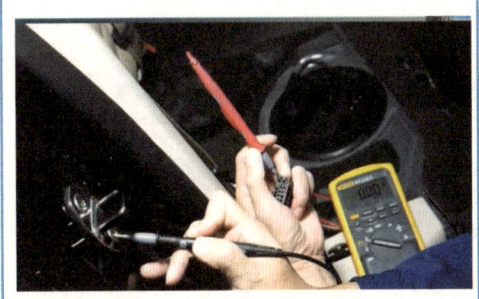

项目二
起动机运转而发动机不能起动的故障检修

以上测试结果说明 J538 的 1 端供电异常。可能的原因有：

（1）SC36 断路。

（2）J538 到 SC36 之间的电路故障。

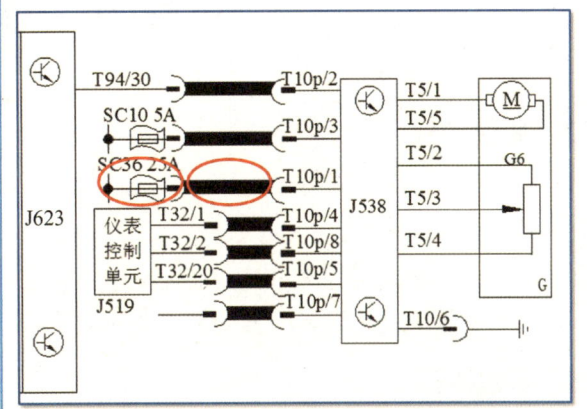

（测量 J538 的 1 端对搭铁的电压）

第五步：测量 SC36 两端对搭铁的电压。

用数字万用表分别测量 SC36 两端对搭铁的电压，应该均为+B，实测都为+B，电压正常。

以上测试结果说明：J538 的 1 端与 SC36 之间的线路故障。

（测量 SC36 两端对搭铁的电压）

第六步：维修故障线路，恢复所拆卸的部件。

第七步：检查故障码，验证发动机运转状况。

先清除故障码，再读取故障码，此时无故障码显示。

起动发动机，再次读取故障码，此时无故障码显示，发动机运转正常，故障已排除。

（读取故障码，无故障码显示）

任务五　燃油泵控制单元供油信号故障诊断与检修

🖥 知识目标

（1）掌握仪表显示正常，起动机运转而发动机不能起动故障检修的流程和分析方法。

（2）掌握燃油泵控制单元供油信号电路的工作原理和检修方法。

（3）掌握起动机运转而发动机不能起动故障机理。

视频 2-5：燃油泵控制单元供油信号故障诊断与检修

🔧 能力目标

（1）能使用解码器和云诊断系统进行故障信息的读取，确认仪表显示正常，起动机运转而发动机不能起动故障现象。

（2）能借助云诊断系统、维修手册等识读电路图，分析仪表显示正常，起动机运转而发动机不能起动故障产生的可能原因。

（3）能根据故障原因，制定仪表显示正常，起动机运转而发动机不能起动故障检修方案。

（4）能根据检修方案，依据厂家技术标准，正确使用专用工具完成仪表显示正常，起动机运转而发动机不能起动故障诊断与排除，准确率达到100%。

❤ 素质目标

（1）通过使用解码器和云诊断系统，锻炼学生信息检索和数据分析的能力。

（2）通过使用维修工具，提升学生的安全责任意识和规范操作意识。

（3）通过制定故障诊断流程，锻炼学生团队协作及自主思考的能力。

（4）养成精益求精的工作作风和严谨求实的劳动态度，增强职业荣誉感。

🔨 重点难点

重点	难点
能在实车上完成燃油泵控制单元供油信号故障的检测与维修任务，准确率达到100%	能准确制定出燃油泵控制单元供油信号故障的诊断流程

客户描述

陆先生的一辆2013款迈腾B7轿车，行驶里程为8万千米，来电反映该车在行驶过程

> 项目二
> 起动机运转而发动机不能起动的故障检修

中逐渐熄火,起动发动机短时间运行后又逐渐熄火,再次起动,故障现象依旧。

故障分析

由于打开点火开关时能听到油泵运转的声音,说明油泵预供油正常,并且车主反映在行车过程中发动机逐渐熄火,可能的原因为供油系统故障。

实施准备

安全准备:做好汽车安全防护与准备工作(车轮垫块、举升垫块的安装,座椅四件套、翼子板布的安装,以及机油、冷却液、制动液的检查)。

工具设备:数字万用表、故障诊断仪(红盒子)、发动机控制单元端子跨接盒、示波器、跨接线若干。

实训汽车:2013 款迈腾 B7 轿车。

辅助资料:汽车原厂维修手册、原厂电路图。

实训步骤

(故障码为 P025A)	**第一步:使用解码器,读取故障码。** 打开点火开关,使用解码器,选择"发动机管理"选项,读取故障码,故障码为 P025A:燃油泵控制模块电气故障。
(选择"通道 141 燃油供应系统"选项)	**第二步:读取油轨压力。** 用解码器读取数据流,油轨压力应为 7bar 以上,实测压力为 2.63bar,油轨压力异常。

65

汽车综合故障诊断与排除

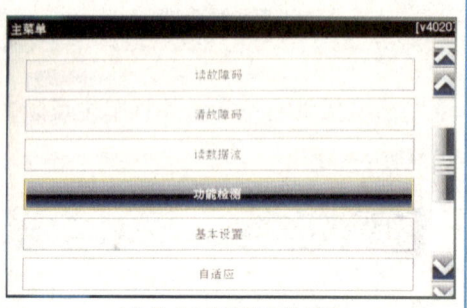

（选择"功能检测"选项）

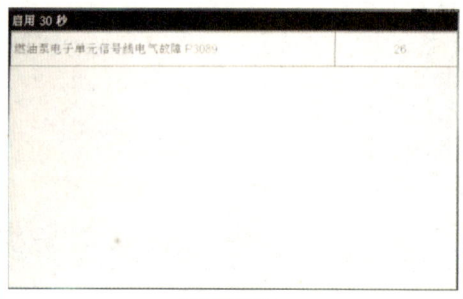

（测试结果）

第三步：进行燃油泵驱动测试。

　　用解码器选择"功能检测"选项，测试燃油泵运行状况，测试结果为听不到燃油泵运转的声音。

　　以上测试结果说明可能的原因有：

（1）J623 与 J538 之间的供油信号电路故障。

（2）J538 故障。

（3）J623 故障。

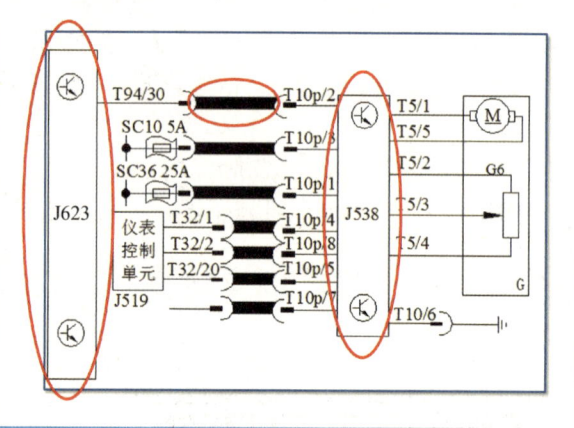

（测量 J538 的 2 端对搭铁的波形）

（实测波形）

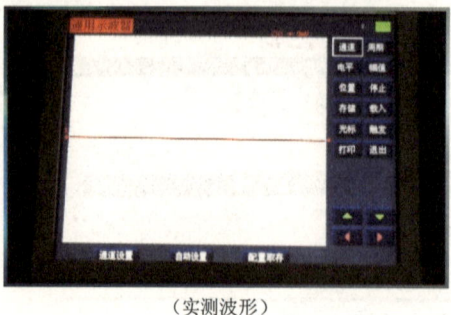

第四步：测试 J538 的供油信号。

　　关闭点火开关，拆卸后排座椅，拔下 J538 的插接器，打开点火开关，用示波器测量 J538 的 2 端对搭铁的波形，应为 0V～+B 的方波脉冲信号，实测为一条 0V 的直线，供油信号异常。

　　以上测试结果说明，J538 没有接收到 J623 的供油信号，可能的原因有：

（1）J623 与 J538 之间的线路故障。

（2）J623 自身故障。

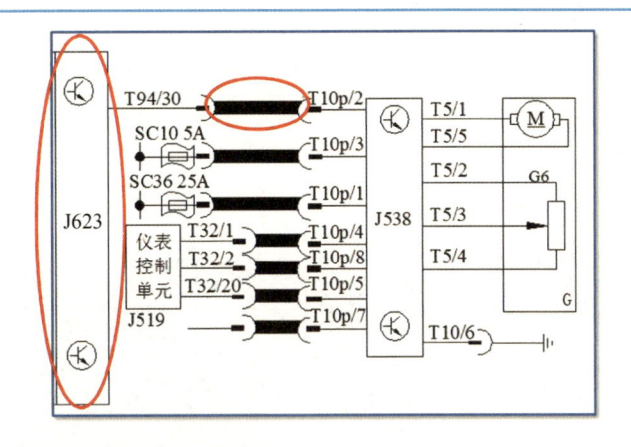

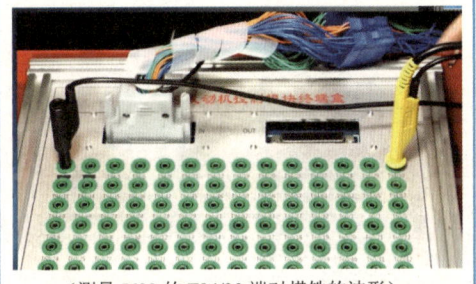

项目二
起动机运转而发动机不能起动的故障检修

（测量 J623 的 T94/30 端对搭铁的波形）

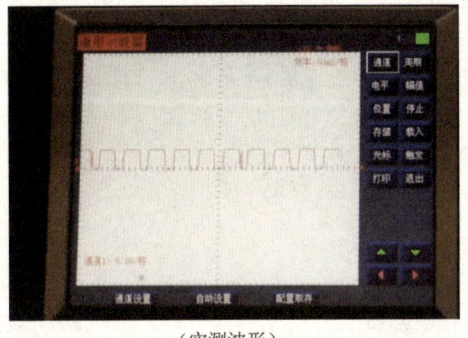

（实测波形）

第五步：测试 J623 的供油信号。

在发动机控制单元端子跨接盒上，用示波器测量 J623 的 T94/30 端对搭铁的波形，应为 0V～+B 的方波脉冲信号，实测为 0V～+B 的方波脉冲信号，供油信号正常。

综合上述实测结果，说明 J623 的 T94/30 端与 J538 的 2 端之间的线路故障。

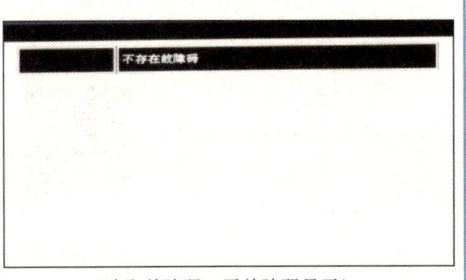

（读取故障码，无故障码显示）

第六步：维修故障线路，恢复所拆卸的部件。

第七步：检查故障码，验证发动机运转状况。

先清除故障码，再读取故障码，此时无故障码显示。

起动发动机，再次读取故障码，此时无故障码显示，发动机运转正常，故障已排除。

67

项目三

发动机怠速异常的故障检修

学习目标

完成本项目的学习任务后,能够:

(1) 分析造成发动机怠速异常的相关原因及特征。

(2) 根据故障现象和查阅资料获取的信息分析故障原因,并在教师的指导下制定故障诊断方案,完成故障诊断流程的编制。

(3) 在教师的指导下,以小组合作的方式,按照拟定的流程和规范操作的要求诊断与排除发动机怠速异常的故障。

(4) 对工作任务的完成情况进行正确评估和反思,制定其他相关故障的诊断流程并实施。

建议学时

6 学时

任务一　点火线圈故障诊断与检修

知识目标

(1) 掌握点火线圈故障,汽车发动机怠速异常故障检修的流程和分析方法。

(2) 掌握继电器的工作原理和检修方法。

(3) 掌握发动机怠速异常故障机理。

视频 3-1:点火线圈故障诊断与检修

能力目标

(1) 能使用解码器和云诊断系统进行故障信息的读取,确认点火线圈故障现象。

项目三
发动机怠速异常的故障检修

（2）能借助云诊断系统、维修手册等识读电路图，分析点火线圈故障产生的可能原因。

（3）能根据故障原因，制定点火线圈故障检修方案。

（4）能根据检修方案，依据厂家技术标准，正确使用专用工具完成点火线圈故障诊断与排除，准确率达到100%。

素质目标

（1）通过使用解码器和云诊断系统，锻炼学生信息检索和数据分析的能力。

（2）通过使用维修工具，提升学生的安全责任意识和规范操作意识。

（3）通过制定故障诊断流程，锻炼学生团队协作及自主思考的能力。

（4）养成精益求精的工作作风和严谨求实的劳动态度，增强职业荣誉感。

重点难点

重点	难点
能在实车上完成点火线圈故障的检测与维修任务，准确率达到100%	能准确制定出点火线圈故障的诊断流程

客户描述

一辆2013款迈腾B7轿车，行驶里程为5万千米，客户反映该车近期怠速时发动机抖动严重。打开点火开关，起动发动机，仪表显示异常。着车后，发动机抖动，抖动频率与发动机转动频率相同。再次起动发动机，排气故障指示灯闪烁。

故障分析

从理论上讲，造成发动机抖动的原因很多，但不外乎有几种可能性，如图3-1所示。

01 **发动机的动平衡性较差。**
抖动的特征为抖动随发动机转速的提高而加剧。

02 **发动机缺缸。**
抖动的特征为抖动频率与发动机转动频率相同。

03 **发动机动力不足。**
抖动的特征为加速后抖动就消失。

图3-1 发动机抖动故障原因

因此，在描述故障时，应尽可能地把相关的故障现象描述清楚，以便尽快确定故障原因。该故障的特点是抖动频率与发动机转动频率相同，说明极有可能是由发动机缺缸造成

的。发动机缺缸的可能原因有:
(1)某气缸点火线圈、火花塞或该缸点火控制电路故障。
(2)某气缸喷油器或其电路故障。
(3)某气缸密封性不好或者进气系统、排气系统故障。

实施准备

安全准备:做好汽车安全防护与准备工作(车轮垫块、举升垫块的安装,座椅四件套、翼子板布的安装,以及机油、冷却液、制动液的检查)。

工具设备:数字万用表、故障诊断仪(红盒子)、示波器、发动机控制单元端子跨接盒、跨接线若干。

实训汽车:2013 款迈腾 B7 轿车。

辅助资料:汽车原厂维修手册、原厂电路图。

实训步骤

(查看进气系统是否漏气)

第一步:进气系统外观检查。

查看进气系统是否漏气。若有,则对管道进行修复。

(选择"发动机管理"选项,读取故障码)

第二步:使用解码器,读取故障码。

打开点火开关,使用解码器,选择"发动机管理"选项,读取故障码,故障码如下。

00850 气缸 2 点火控制电路:故障 P0352。
00768 检测到任意/多个气缸失火 P0300。
00770 气缸 2 检测到失火 P0302。
04874 气缸禁用 P130A-间断。

故障码显示,该故障与 2 缸失火有关,可能的原因有:
(1)气缸 2 点火线圈或其控制电路故障。
(2)气缸 2 火花塞故障。
(3)气缸 2 喷油器或其控制电路故障。

项目三
发动机怠速异常的故障检修

（2缸吊火试验）

（2缸的点火线圈换入1缸）

（1缸吊火试验）

第三步：点火线圈吊火试验，确定故障范围。

关闭点火开关，将2缸点火线圈拔离火花塞8～10mm，起动发动机时，若听到清脆的高压跳火放电声，说明点火线圈及其控制电路正常；反之，则说明点火线圈或其控制电路故障。实际试验结果为听不到清脆的高压跳火放电声，说明2缸点火线圈或其电路故障。

关闭点火开关，将2缸的点火线圈换入1缸。在1缸进行吊火试验，起动发动机，如听到清脆的高压跳火放电声，则说明原2缸点火线圈完好。

故障范围为2缸点火线圈的控制电路。

（测量T4bg/1端与T4bg/2端之间电压）

（测量T4bg/1端与T4bg/4端之间电压）

第四步：测试2缸点火线圈控制电路，确定故障范围。

关闭点火开关，拔下2缸点火线圈插头，打开点火开关，用数字万用表测量点火线圈T4bg/1端与T4bg/2端、T4bg/1端与T4bg/4端之间的电压。

在正常情况下，T4bg/1端与T4bg/2端、T4bg/1端与T4bg/4端之间的电压应为蓄电池电压+B，实测为蓄电池电压+B，电压正常。

以上实测结果正常，说明2缸点火线圈及电源线路正常。2缸失火可能的原因有：

（1）J623的T60/21端与N127的T4bg/3端之间的电路故障。

（2）J623自身故障。

71

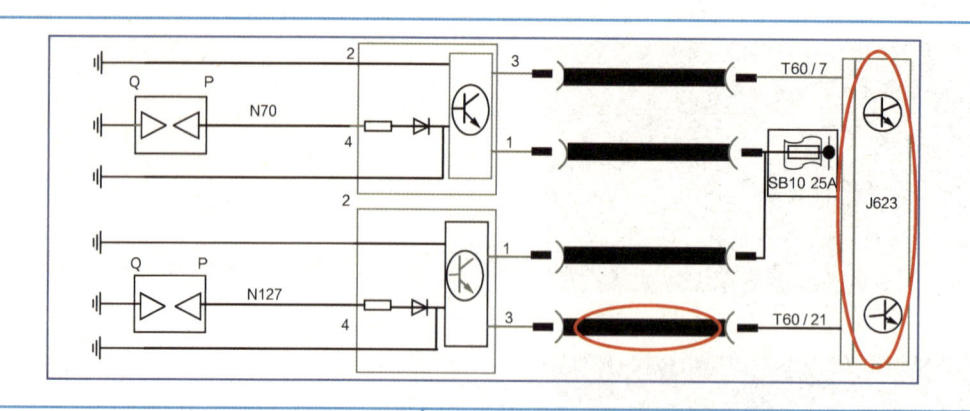

汽车综合故障诊断与排除

（测量 T4bg/3 端对搭铁的波形）

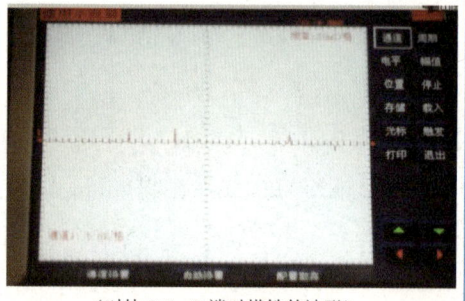

（对比 T4bg/3 端对搭铁的波形）

（测量 T60/21 端对搭铁的波形）

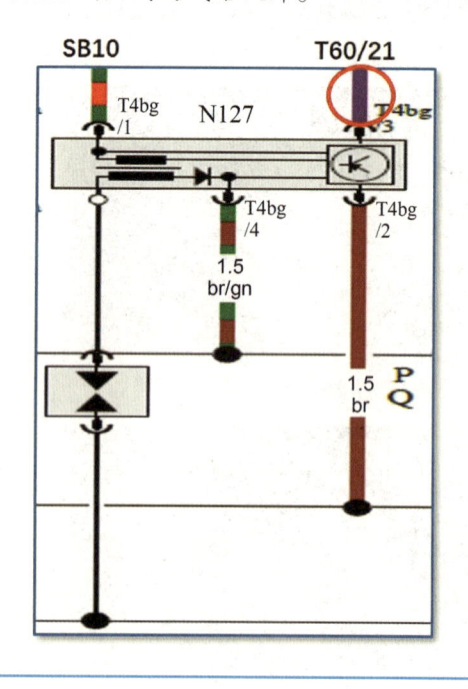

第五步：用示波器检测点火信号波形，确定故障范围。

起动发动机，用示波器测量 T4bg/3 端对搭铁的波形。标准波形为方波脉冲信号，实测波形为一条直线，波形异常。

用示波器测量跨接盒 T60/21 端对搭铁的信号波形，实测波形正常。

结合上述实测结果，J623 从 T60/21 端发出点火信号，但点火线圈的 T4bg/3 端没有接收到该信号，说明点火线圈 N127 的 T4bg/3 端到 J623 的 T60/21 端之间的线路故障。

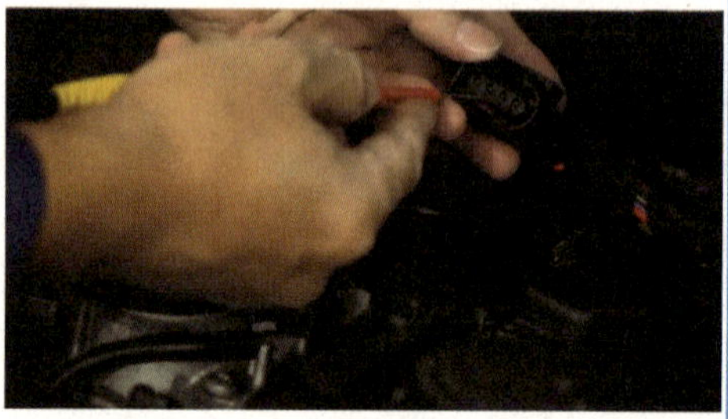

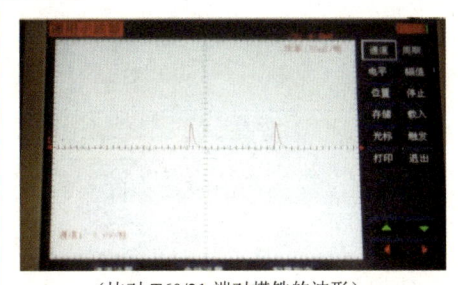

项目三
发动机怠速异常的故障检修

（比对 T60/21 端对搭铁的波形）

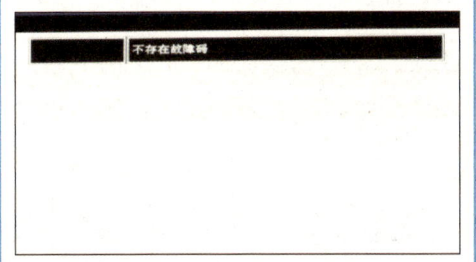

第六步：维修故障线路，恢复所拆卸部件。

第七步：检查故障码，验证发动机运转状况。

先清除故障码，再读取故障码，此时无故障码显示。

起动发动机，再读取故障码，此时无故障码显示，发动机运转正常，故障已排除。

（清除故障码，验证发动机运转状况）

任务二　火花塞故障诊断与检修

知识目标

（1）掌握火花塞故障，汽车发动机怠速异常故障检修的流程和分析方法。
（2）掌握火花塞的工作原理和检修方法。
（3）掌握发动机怠速异常机理。

视频 3-2：火花塞故障诊断与检修

能力目标

（1）能使用解码器和云诊断系统进行故障信息的读取，确认火花塞故障现象。
（2）能借助云诊断系统、维修手册等识读电路图，分析火花塞故障产生的可能原因。
（3）能根据故障原因，制定火花塞故障检修方案。
（4）能根据检修方案，依据厂家技术标准，正确使用专用工具完成火花塞故障诊断与排除，准确率达到 100%。

素质目标

（1）通过使用解码器和云诊断系统，锻炼学生信息检索和数据分析的能力。
（2）通过使用维修工具，提升学生的安全责任意识和规范操作意识。
（3）通过制定故障诊断流程，锻炼学生团队协作及自主思考的能力。

（4）养成精益求精的工作作风和严谨求实的劳动态度，增强职业荣誉感。

重点难点

重点	难点
能在实车上完成火花塞故障的检测与维修任务，准确率达到 100%	能准确制定出火花塞故障的诊断流程

客户描述

一辆 2013 款迈腾 B7 轿车，行驶里程为 10 万千米，客户反映该车近期怠速时发动机抖动严重。打开点火开关后，仪表显示异常。着车后，发动机抖动，抖动频率与发动机转动频率相同。再次起动发动机，排气故障指示灯闪烁。

故障分析

此故障现象与点火线圈故障现象相同，说明此故障也极有可能是发动机缺缸。发动机缺缸的可能原因有：

（1）某气缸点火线圈、火花塞或该缸点火控制电路故障。
（2）某气缸喷油器或其电路故障。
（3）某气缸密封性不好或者进气系统、排气系统故障。

实施准备

安全准备：做好汽车安全防护与准备工作（车轮垫块、举升垫块的安装，座椅四件套、翼子板布的安装，以及机油、冷却液、制动液的检查）。

工具设备：数字万用表、故障诊断仪（红盒子）、发动机控制单元端子跨接盒、示波器、跨接线若干。

实训汽车：2013 款迈腾 B7 轿车。

辅助资料：汽车原厂维修手册、原厂电路图。

实训步骤

（查看进气系统是否漏气）

第一步：进气系统外观检查。

查看进气系统是否漏气。若有，则对管道进行修复。

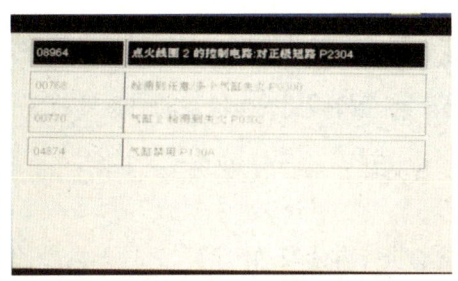

项目三
发动机怠速异常的故障检修

第二步：使用解码器，读取故障码。

打开点火开关，使用解码器，选择"发动机管理"选项，读取故障码，故障码如下。

08964 点火线圈 2 的控制电路：对正极短路 P2304。

00768 检测到任意/多个气缸失火 P0300。

00770 气缸 2 检测到失火 P0302。

04874 气缸禁用 P130A。

通过以上故障码可以看出，是 2 缸失火造成发动机缺缸的，可能的原因有：

（1）气缸 2 点火线圈或其控制电路故障。

（2）气缸 2 火花塞故障。

（3）气缸 2 喷油器或其控制电路故障。

（选择"发动机管理"选项，读取故障码）

第三步：点火线圈吊火试验，确定故障范围。

关闭点火开关，将 2 缸点火线圈拔离火花塞 8～10mm，起动发动机时，若听到清脆的高压跳火放电声，说明点火线圈及其控制电路正常；反之，则说明点火线圈或其控制电路故障。实际试验结果为听到清脆的高压跳火放电声。

实测结果正常，说明 2 缸点火线圈及其控制电路正常。2 缸失火可能的原因有：

（1）气缸 2 火花塞故障。

（2）气缸 2 喷油器或其控制电路故障。

（2 缸吊火试验）

（拆卸 2 缸火花塞）

第四步：拆卸 2 缸火花塞，确定故障范围。

关闭点火开关，拆卸 2 缸点火线圈插头，拆卸 2 缸点火线圈，拆卸 2 缸火花塞。

进行跳火试验，发现火花非常弱，说明 2 缸火花塞故障。

（2 缸跳火试验）

汽车综合故障诊断与排除

（更换 2 缸火花塞）

第五步：更换 2 缸火花塞，恢复所拆卸部件。

第六步：检查故障码，验证发动机运转状况。

先清除故障码，再读取故障码，此时无故障码显示。

起动发动机，再读取故障码，此时无故障码显示，发动机运转正常，故障已排除。

（清除故障码，验证发动机运转状况）

任务三　喷油器电路故障诊断与检修

💻 知识目标

（1）掌握喷油器电路故障，汽车发动机怠速异常故障检修的流程和分析方法。

（2）掌握喷油器的工作原理和检修方法。

（3）掌握发动机怠速异常机理。

视频 3-3：喷油器电路故障诊断与检修

🔧 能力目标

（1）能使用解码器和云诊断系统进行故障信息的读取，确认喷油器电路故障现象。

（2）能借助云诊断系统、维修手册等识读电路图，分析喷油器电路故障产生的可能原因。

（3）能根据故障原因，制定喷油器电路故障检修方案。

（4）能根据检修方案，依据厂家技术标准，正确使用专用工具完成喷油器电路故障诊断与排除，准确率达到 100%。

💟 素质目标

（1）通过使用解码器和云诊断系统，锻炼学生信息检索和数据分析的能力。

（2）通过使用维修工具，提升学生的安全责任意识和规范操作意识。

（3）通过制定故障诊断流程，锻炼学生团队协作及自主思考的能力。

项目三
发动机怠速异常的故障检修

（4）养成精益求精的工作作风和严谨求实的劳动态度，增强职业荣誉感。

重点难点

重点	难点
能在实车上完成喷油器电路故障的检测与维修任务，准确率达到100%	能准确制定出喷油器电路故障的诊断流程

客户描述

一辆2013款迈腾B7轿车，行驶里程为8万千米，客户反映该车近期怠速时发动机抖动严重。打开点火开关后，仪表显示异常。着车后，发动机抖动，抖动频率与发动机转动频率相同。再次起动发动机，排气故障指示灯闪烁。

故障分析

此故障现象与点火线圈故障、火花塞故障现象相同，说明此故障也极有可能是发动机缺缸造成的。发动机缺缸的可能原因有：

（1）某气缸点火线圈、火花塞或该缸点火控制电路故障。
（2）某气缸喷油器或其电路故障。
（3）某气缸密封性不好或者进气系统、排气系统故障。

实施准备

安全准备：做好汽车安全防护与准备工作（车轮垫块、举升垫块的安装，座椅四件套、翼子板布的安装，以及机油、冷却液、制动液的检查）。

工具设备：数字万用表、故障诊断仪（红盒子）、发动机控制单元端子跨接盒、示波器、跨接线若干。

实训汽车：2013款迈腾B7轿车。

辅助资料：汽车原厂维修手册、原厂电路图。

实训步骤

（查看进气系统是否漏气）

第一步：进气系统外观检查。

查看进气系统是否漏气。若有，则对管道进行修复。

（选择"发动机管理"选项，读取故障码）

第二步：使用解码器，读取故障码。

打开点火开关，使用解码器，选择"发动机管理"选项，读取故障码，故障码如下。

00514 喷油器：气缸 2（N31）：电路发生故障 P0202。

00768 检测到任意/多个气缸失火 P0300。

00770 气缸 2 检测到失火 P0302。

04874 气缸禁用 P130A。

通过以上故障码可以看出，是 2 缸喷油器或其电路故障造成发动机缺缸的，可能的原因有：

（1）喷油器自身故障。

（2）喷油器与 J623 之间的电路故障。

（3）J623 自身故障。

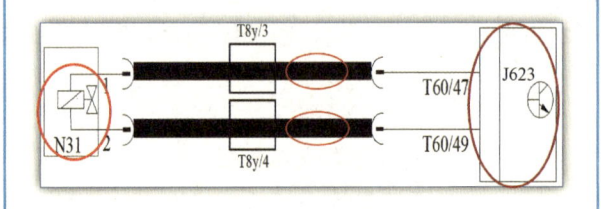

（拆卸 T8y）

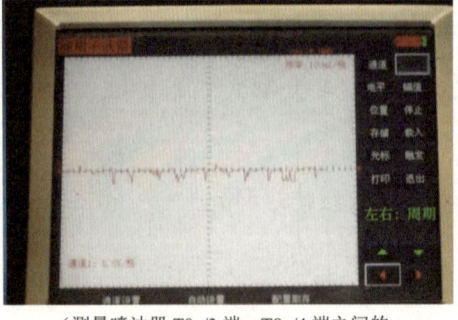

（测量喷油器 T8y/3 端、T8y/4 端之间的驱动信号波形）

第三步：测试 2 缸喷油器的驱动信号，确定故障范围。

关闭点火开关，拆卸喷油器过渡插头 T8y，起动发动机，用示波器测量喷油器 T8y/3 端、T8y/4 端之间的驱动信号波形。

注意：迈腾 B7 发动机的喷油器采用的是双源控制，由 J623 同时控制喷油器的正极和负极，因此测量喷油器驱动信号波形，应将示波器的负极探针与喷油器的负极相连；将示波器的正极探针与喷油器的正极相连。实测结果为喷油器驱动信号波形始终为一条直线（电压幅值为 0V）。

上述实测结果说明喷油器没有接收到喷油信号，可能的原因有：

（1）J623 故障，未发出驱动信号。

（2）J623 与喷油器之间的电路存在断路故障。

项目三
发动机怠速异常的故障检修

（测量 T8y/3 端对搭铁的波形）

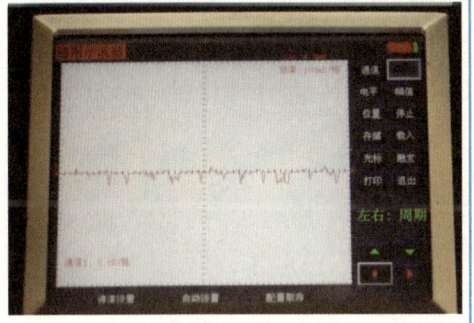

（对比 T8y/3 端对搭铁的波形）

第四步：测量 2 缸喷油器正极电路（T8y/3 端）对搭铁的波形。

起动发动机时，用示波器测量喷油器 T8y/3 端对搭铁的波形。

在正常情况下，标准波形为方波脉冲信号。实测发现喷油器波形始终为一条直线（电压为 0V）。

上述实测结果说明喷油器没有得到 J623 发出的正极控制信号，可能的原因有：

（1）J623 故障，未发出正极控制信号。

（2）J623 的 T60/47 端与喷油器的 T8y/3 端之间的电路存在断路故障。

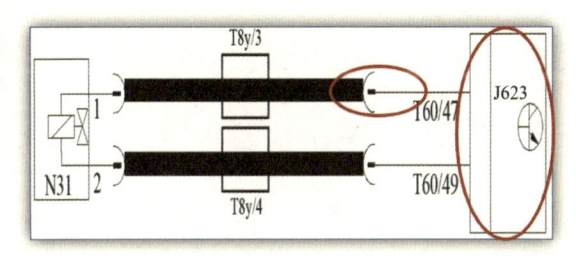

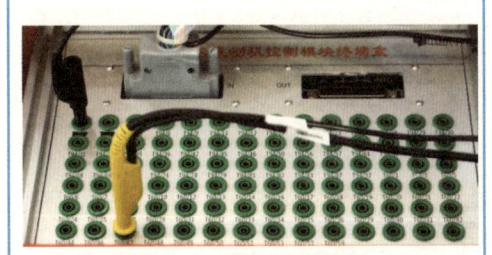

（测量 T60/47 端对搭铁的波形）

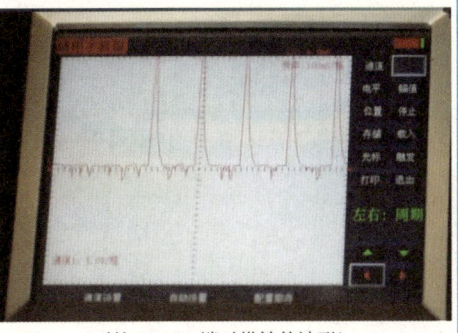

（对比 T60/47 对搭铁的波形）

第五步：测量 2 缸喷油器正极电路（J623 的 T60/47 端）对搭铁的波形。

起动发动机时，用示波器测量 J623 的 T60/47 端对搭铁的波形。

在正常情况下，标准波形为方波脉冲信号。实际测得的波形正常，说明 J623 正常发出高压信号，但喷油器正极端过渡插头没有收到，说明导线之间存在断路故障。

79

汽车综合故障诊断与排除

（清除故障码，验证发动机运转状况）

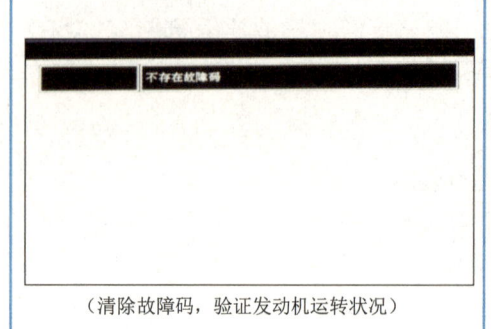

第六步：维修断路的导线，恢复所拆卸部件。

第七步：检查故障码，验证发动机运转状况。

先清除故障码，再读取故障码，此时无故障码显示。

起动发动机，再读取故障码，此时无故障码显示，发动机运转正常，故障已排除。

项目四

发动机加速不良的故障检修

学习目标

完成本项目的学习任务后,能够:

(1) 分析造成发动机加速不良的相关原因及特征。

(2) 根据故障现象和查阅资料获取的信息分析故障原因,并在教师的指导下制定故障诊断方案,完成故障诊断流程的编制。

(3) 在教师的指导下,以小组合作的方式,按照拟定的流程和规范操作的要求诊断与排除发动机加速不良的故障。

(4) 对工作任务的完成情况进行正确评估和反思,制定其他相关故障的诊断流程并实施。

建议学时

8 学时

任务一 节气门电机电路故障诊断与检修

知识目标

(1) 掌握节气门电机电路故障,汽车发动机加速不良故障检修的流程和分析方法。

(2) 掌握节气门电机的工作原理和检修方法。

(3) 掌握发动机加速不良故障机理。

视频 4-1:节气门电机电路故障诊断与检修

能力目标

(1) 能使用解码器和云诊断系统进行故障信息的读取,确认节气门电机电路故障现象。

（2）能借助云诊断系统、维修手册等识读电路图，分析节气门电机电路故障产生的可能原因。

（3）能根据故障原因，制定节气门电机电路故障检修方案。

（4）能根据检修方案，依据厂家技术标准，正确使用专用工具完成节气门电机电路故障诊断与排除，准确率达到100%。

素质目标

（1）通过使用解码器和云诊断系统，锻炼学生信息检索和数据分析的能力。

（2）通过使用维修工具，提升学生的安全责任意识和规范操作意识。

（3）通过制定故障诊断流程，锻炼学生团队协作及自主思考的能力。

（4）养成精益求精的工作作风和严谨求实的劳动态度，增强职业荣誉感。

重点难点

重点	难点
能在实车上完成节气门电机电路故障的检测与维修任务，准确率达到100%	能准确制定出节气门电机电路故障的诊断流程

客户描述

一辆2013款迈腾B7轿车，行驶里程为5万千米，客户反映该车近期发动机加速不良。起动后仪表板上的EPC（Electronic Power Control，发动机电子功率控制系统）灯长亮；发动机抖动，加速时发动机转速达不到2500r/min。

故障分析

发动机怠速基本正常，但在加速时发动机转速达不到2500r/min，说明在加速过程中发动机功率不能跟进。这与加速时的混合气的质量及燃烧效果达不到要求有关，发动机加速不良故障原因如图4-1所示。

01 进气量没有随着加速而增大　　02 喷油量没有随着加速而增大　　03 点火系统故障

图4-1　发动机加速不良故障原因

实施准备

安全准备：做好汽车安全防护与准备工作（车轮垫块、举升垫块的安装，座椅四件套、

项目四
发动机加速不良的故障检修

翼子板布的安装，以及机油、冷却液、制动液的检查）。

工具设备：数字万用表、故障诊断仪（红盒子）、发动机控制单元端子跨接盒、示波器、跨接线若干。

实训汽车：2013 款迈腾 B7 轿车。

辅助资料：汽车原厂维修手册、原厂电路图。

实训步骤

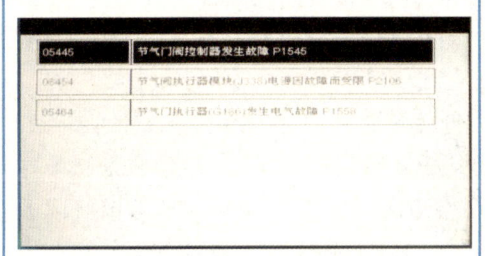

（选择"发动机管理"选项，读取故障码）

第一步：使用解码器，读取故障码。

打开点火开关，使用解码器，选择"发动机管理"选项，读取故障码，故障码如下。

05445 节气门阀控制器发生故障 P1545。

08454 节气阀执行器模块（J338）电源因故障而受限 P2106。

05464 节气门执行器（G186）发生电气故障 P1558。

通过以上故障码可以看出，J623 无法控制节气门驱动电动机 G186 的运行，这也会造成发动机无法加速，因此可以围绕该故障码反映的故障进行诊断。

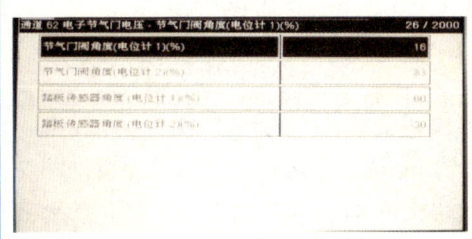

（读取节气门位置传感器的数据流）

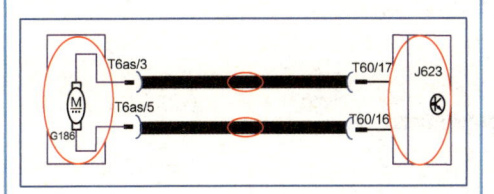

第二步：读取节气门位置传感器的数据流，验证故障码的真实性。

打开点火开关，使用解码器，选择"发动机管理"选项，读取节气门位置传感器的数据流。用解码器测量节气门位置传感器两个信号的输出，观察其是否能随加速踏板的动作而正常变化。节气门位置传感器的数据流如下。

节气门阀角度（电位计 1）(%)：16。

节气门阀角度（电位计 2）(%)：83。

踏板传感器角度（电位计 1）(%)：60。

踏板传感器角度（电位计 2）(%)：30。

通过以上数据流可以看出，加速踏板输出了正常的信号，而节气门并没有相应转动，可能故障原因有：

（1）G186 故障。

（2）J623 与 G186 之间的电路故障。

（3）J623 故障。

83

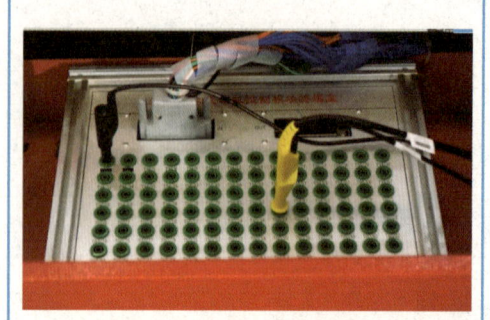

汽车综合故障诊断与排除

（测量 J623 的 T60/17 端对地波形）

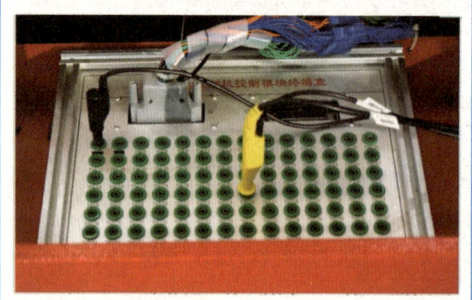

（测量 J623 的 T60/16 端对地波形）

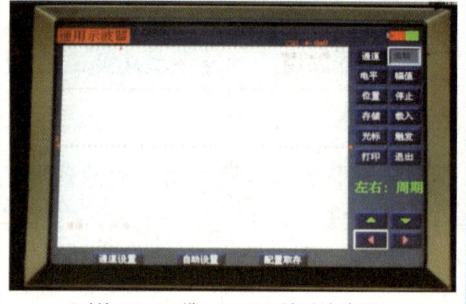

（对比 T60/16 端、T60/17 端对地波形）

第三步：测试 J623 的驱动信号。

打开点火开关，用示波器测量 J623 的 T60/17 端对地波形，踩下油门踏板（节气门打开），波形应为 0V～+B 的方波脉冲信号，实测为一条直线（0V）。松开油门踏板（节气门关闭），波形应由方形波逐渐变窄为一条直线（0V），实测为一条直线（0V）。

用示波器测量 J623 的 T60/16 端对地波形，踩下油门踏板（节气门打开），波形应为一条直线（+B），实测正常。松开油门踏板（节气门关闭），波形应由 0V～+B 的方波脉冲信号转变为一条直线（0V），实测一条直线（+B）。

通过对比发现驱动信号波形异常，可能的原因为节气门电动机驱动线路断路，但无法确定是哪根导线。

分析：在节气门打开的过程中，J623 通过节气门体上的电气连接器 T6as/5 端向电动机提供蓄电池正极稳态电压，通过 T6as/3 端向电动机提供脉冲搭铁信号，以此驱动节气门打开；而在节气门关闭的过程中，J623 通过节气门上的 T6as/5 端向电动机提供蓄电池负极稳态电压，通过 T6as/3 端向电动机提供脉冲电源信号，以此驱动节气门关闭。

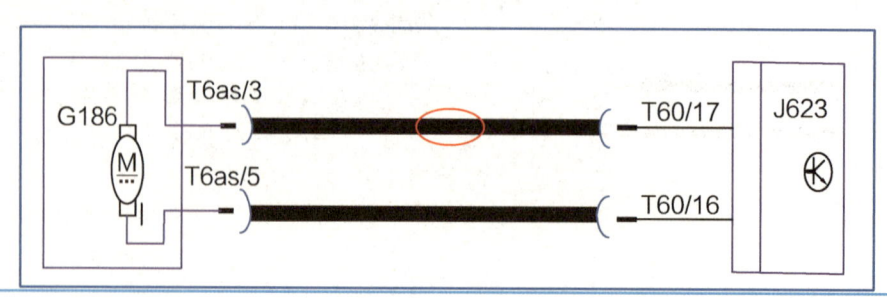

项目四
发动机加速不良的故障检修

（跨接线引出 5 端）

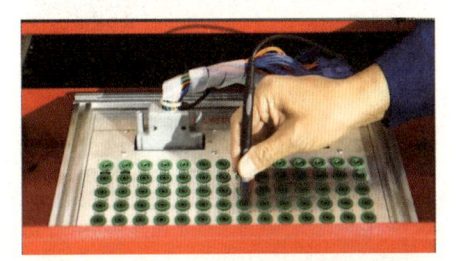

（测量 T6as/5 端和 T60/16 端间导线的电阻值）

（跨接线引出 3 端）

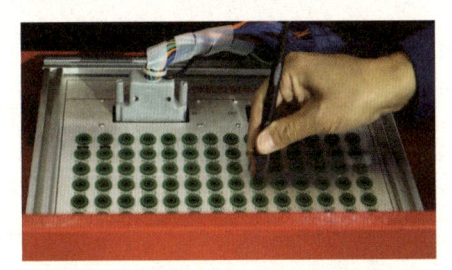

（测量 T6as/3 端和 T60/17 端间导线的电阻值）

第四步：分别测量 G186 的 T6as/3 端和 T6as/5 端所对应信号线的通断。

关闭点火开关，拔下节气门插座，用跨接线引出 5 端，校正数字万用表，用数字万用表测量 T6as/5 端和 T60/16 端间导线的电阻值，实测线路导通正常。

用跨接线引出 3 端，用数字万用表测量 T6as/3 端和 T60/17 端间导线的电阻值，实测电阻值无穷大。

结合上述实测结果，说明 G186 的 T6as/3 端到 J623 的 T60/17 端之间的线路断路。

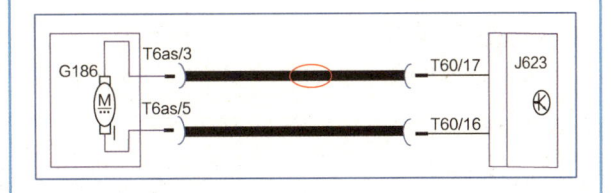

（清除故障码，验证发动机运转状况）

第五步：维修断路的导线，恢复所拆卸部件。

第六步：检查故障码，验证发动机运转状况。

先清除故障码，再读取故障码，此时无故障码显示。

起动发动机，再读取故障码，此时无故障码显示，发动机运转正常，故障已排除。

85

任务二 燃油压力调节阀控制电路故障诊断与检修

🖥 知识目标

（1）掌握燃油压力调节阀控制电路故障，汽车发动机加速不良故障检修的流程和分析方法。
（2）掌握燃油压力调节阀的工作原理和检修方法。
（3）掌握发动机加速不良故障机理。

视频4-2：燃油压力调节阀控制电路故障诊断与检修

⚒ 能力目标

（1）能使用解码器和云诊断系统进行故障信息的读取，确认燃油压力调节阀控制电路故障现象。
（2）能借助云诊断系统、维修手册等识读电路图，分析燃油压力调节阀控制电路故障产生的可能原因。
（3）能根据故障原因，制定燃油压力调节阀控制电路故障检修方案。
（4）能根据检修方案，依据厂家技术标准，正确使用专用工具完成燃油压力调节阀控制电路故障诊断与排除，准确率达到100%。

💓 素质目标

（1）通过使用解码器和云诊断系统，锻炼学生信息检索和数据分析的能力。
（2）通过使用维修工具，提升学生的安全责任意识和规范操作意识。
（3）通过制定故障诊断流程，锻炼学生团队协作及自主思考的能力。
（4）养成精益求精的工作作风和严谨求实的劳动态度，增强职业荣誉感。

⚖ 重点难点

重点	难点
能在实车上完成燃油压力调节阀控制电路故障的检测与维修任务，准确率达到100%	能准确制定出燃油压力调节阀控制电路故障的诊断流程

客户描述

一辆2013款迈腾B7轿车，行驶里程为13万千米，客户反映该车近期发动机加速不良。起动发动机，可以正常着车，但EPC灯长亮，加速时发动机转速不超过3000r/min，再

项目四
发动机加速不良的故障检修

次起动发动机，加速时发动机转速仍不超过 3000 r/min。

故障分析

加速时发动机转速不能超过 3000r/min，说明发动机动力不足，这与混合气的质量、点火系统的工作有很大的关系，其故障原因如图 4-2 所示。

故障原因：
1. 进气系统、排气系统故障。
2. 燃油系统故障，包括系统压力故障和喷油器工作故障。
3. 点火系统故障，包括点火能量不足和点火正时不准。

图 4-2　发动机动力不足的故障原因

实施准备

安全准备：做好汽车安全防护与准备工作（车轮垫块、举升垫块的安装，座椅四件套、翼子板布的安装，以及机油、冷却液、制动液的检查）。

工具设备：数字万用表、故障诊断仪（红盒子）、发动机控制单元端子跨接盒、示波器、跨接线若干。

实训汽车：2013 款迈腾 B7 轿车。

辅助资料：汽车原厂维修手册、原厂电路图。

实训步骤

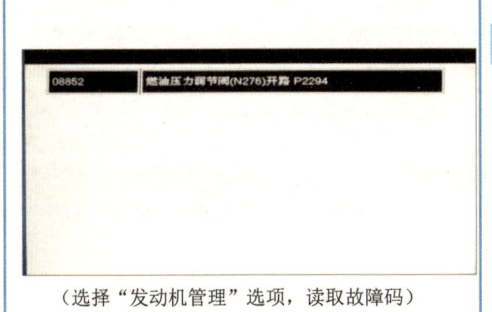

（选择"发动机管理"选项，读取故障码）

第一步：使用解码器，读取故障码。

打开点火开关，使用解码器，选择"发动机管理"选项，读取故障码，故障码为 08852：燃油压力调节阀（N276）开路 P2294。

根据故障码的含义，可知 N276 及其电路出现断路。这必然会造成燃油系统压力达不到标准，从而造成发动机动力不足。

燃油量控制阀关闭角度(°)	14.4
燃油量控制阀打开角度(°)	-4.7
实际油轨压力(bar)	7.00
状态	00000010

（读取数据流，选择"通道141燃油供应系统"选项）

第二步：测量燃油系统压力，确定故障范围。

起动发动机，用解码器读取数据流，选择数据组，选择"通道141燃油供应系统"选项，测试油轨压力，油轨压力标准值为40bar，测量值为7bar，踩油门，压力仍为7bar，实测结果异常。

由于油轨压力为7bar，说明低压油路正常，系统无法建立高压。结合故障码，分析可能的原因为N276及其电路故障。

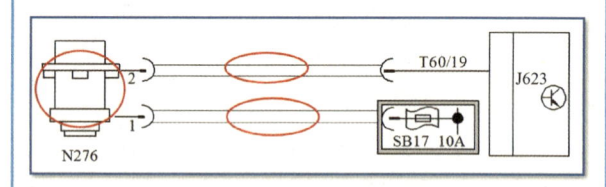

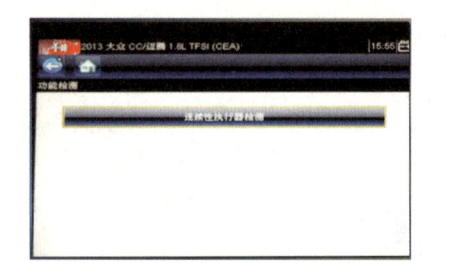

（N276执行元件驱动测试）

第三步：N276执行元件驱动测试。

打开点火开关，使用解码器，选择"发动机管理"选项，进行执行元件驱动测试，发现N276没有工作，可能的原因为N276及其电路故障。

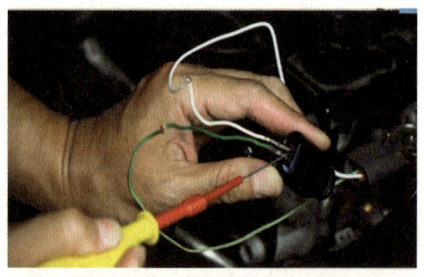

（跨接线引出N276的1端、2端）

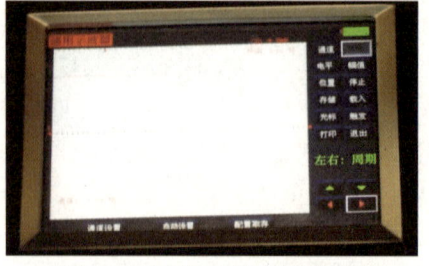

（测量N276的1端、2端对搭铁的波形）

第四步：测量N276的驱动信号波形。

关闭点火开关，拔下N276，用两根跨接线分别将N276的1端、2端与插座连接。

起动发动机，在发动机怠速运转状态时，用示波器分别测量N276的1端、2端对搭铁的信号波形。

在正常情况下，1端搭铁电压为蓄电池正极电压+B。实测结果为1端在打开点火开关时，有0V～+B的切换过程，说明1端上游电路的线路正常。

在正常情况下，2端应可以检测到0V～+B之间的方波脉冲信号。实测结果为2端对搭铁波形为一条直线（+B），波形异常。

项目四
发动机加速不良的故障检修

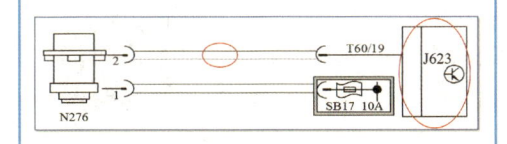

可能的原因有：

（1）J623 的 T60/19 端与 N276 的 2 端之间的电路存在断路。

（2）J623 自身故障。

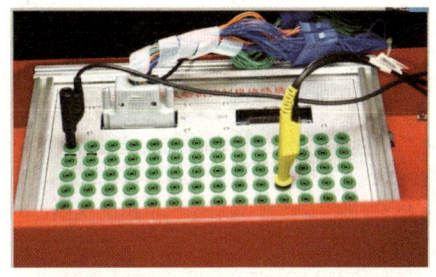

（测量 J623 的 T60/19 端对搭铁的波形）

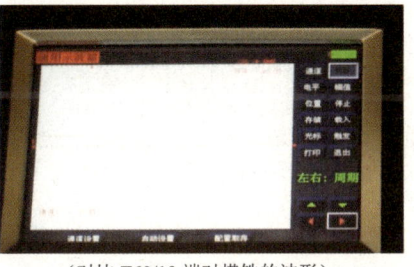

（对比 T60/19 端对搭铁的波形）

第五步：测量 J623 的 T60/19 端对搭铁的波形。

打开点火开关，用示波器测量 J623 的 T60/19 端对搭铁的波形。

在正常情况下，T60/19 端应可以检测到 0V~+B 的方波脉冲信号。实测结果为低电平。

由于 N276 的 2 端与 J623 的 T60/19 端在同一根线上，一端是高电平，另一端是低电平。结合上述实测结果，说明 N276 2 端到 J623 T60/19 端之间的线路断路。

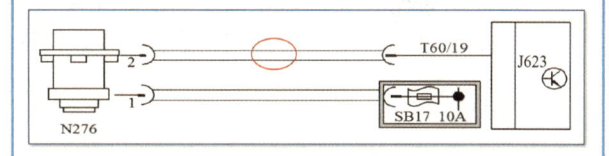

第六步：维修断路的导线，恢复所拆卸部件。

第七步：检查故障码，验证发动机运转状况。

先清除故障码，再读取故障码，此时无故障码显示。

起动发动机，再读取故障码，此时无故障码显示，发动机运转正常，故障已排除。

（清除故障码，验证发动机运转状况）

任务三　发动机部件供电继电器控制电路故障诊断与检修

知识目标

（1）掌握发动机部件供电继电器控制电路故障，汽车发动机加速不良故障检修的流程和分析方法。

（2）掌握发动机部件供电继电器控制电路的工作原理和检修方法。

（3）掌握发动机加速不良故障机理。

⚒ 能力目标

（1）能使用解码器和云诊断系统进行故障信息的读取，确认发动机部件供电继电器控制电路故障现象。

（2）能借助云诊断系统、维修手册等识读电路图，分析发动机部件供电继电器控制电路故障产生的可能原因。

（3）能根据故障原因，制定发动机部件供电继电器控制电路故障检修方案。

（4）能根据检修方案，依据厂家技术标准，正确使用专用工具完成发动机部件供电继电器控制电路故障诊断与排除，准确率达到100%。

❤ 素质目标

（1）通过使用解码器和云诊断系统，锻炼学生信息检索和数据分析的能力。

（2）通过使用维修工具，提升学生的安全责任意识和规范操作意识。

（3）通过制定故障诊断流程，锻炼学生团队协作及自主思考的能力。

（4）养成精益求精的工作作风和严谨求实的劳动态度，增强职业荣誉感。

⚖ 重点难点

重点	难点
能在实车上完成发动机部件供电继电器控制电路故障的检测与维修任务，准确率达到100%	能准确制定出发动机部件供电继电器控制电路故障的诊断流程

视频4-3：发动机部件供电继电器控制电路故障诊断与检修

客户描述

一辆2013款迈腾B7轿车，行驶里程为13万千米，客户反映该车近期发动机加速不良。起动发动机后，仪表板上EPC灯长亮，当急踩加速踏板时，转速表指针摆动，发动机最高转速不超过3000r/min。

故障分析

当发动机加速到3000r/min的时候，转速再也不能上升，说明发动机的功率可能达到了极限，或者出现了超速断油的现象。而后者不符合原车的实际情况，因此可以判定发动机功率达到极限，可能的原因有：

（1）进气系统、排气系统故障。

（2）燃油系统故障。

项目四
发动机加速不良的故障检修

（3）电控系统故障。
（4）点火系统故障。

实施准备

安全准备：做好汽车安全防护与准备工作（车轮垫块、举升垫块的安装，座椅四件套、翼子板布的安装，以及机油、冷却液、制动液的检查）。

工具设备：数字万用表、故障诊断仪（红盒子）、发动机控制单元端子跨接盒、示波器、跨接线若干。

实训汽车：2013 款迈腾 B7 轿车。

辅助资料：汽车原厂维修手册、原厂电路图。

实训步骤

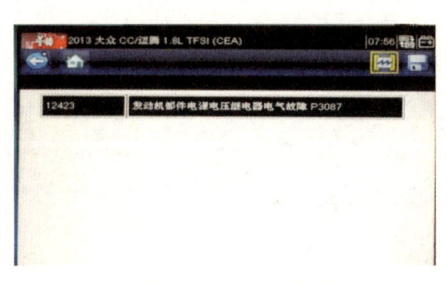

第一步：使用解码器，读取故障码。

打开点火开关，使用解码器，选择"发动机管理"选项，读取故障码。故障码为 12423：发动机部件电源电压继电器电气故障 P3087。

根据故障码含义，说明 J757 未进入工作状态，J623 可通过两种方法识别继电器工作状态：一是可以通过监控 T60/19 端电压的变化来识别整个继电器的输出是否正常；二是可以通过监控 T94/28 端电压的变化来识别继电器电磁线圈电路是否正常。

造成发动机部件电源电压继电器电气故障可能的原因有：
（1）J757 的主电路故障。
（2）J757 自身故障。
（3）J757 的控制电路故障。

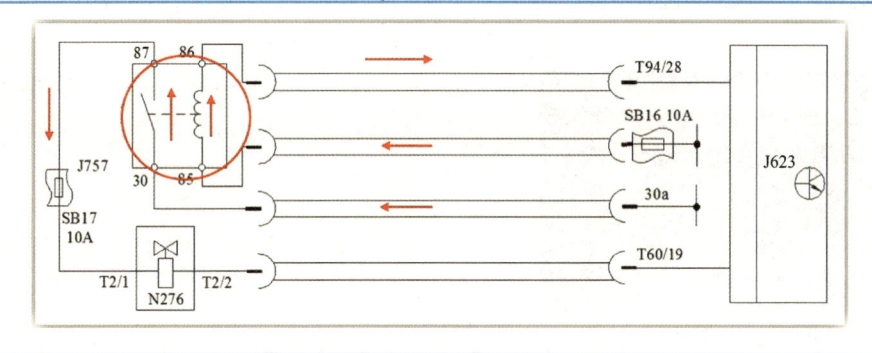

（选择"发动机管理"选项，读取故障码）

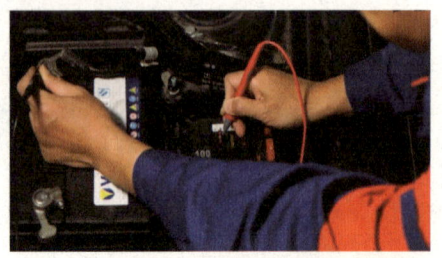

汽车综合故障诊断与排除

(测量 SB17 的搭铁电压)

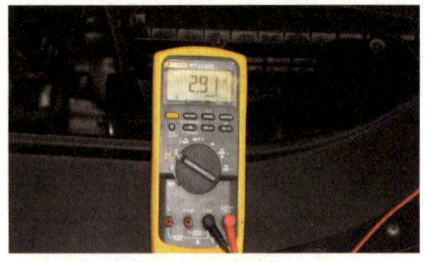

(SB17 的搭铁电压)

第二步：测量 J757 的 87 端对搭铁的电压，确定故障范围。

由于 J757 的 87 端与 SB17 直接相连，所以可以在发动机怠速运转时，用数字万用表测量 SB17 的搭铁电压。在正常情况下，该端电压应为蓄电池电压+B，否则说明继电器输出异常。

实测结果异常，说明继电器输出电压异常，可能的原因有：
（1）J757 的主电路故障。
（2）J757 自身故障。
（3）J757 的控制电路故障。

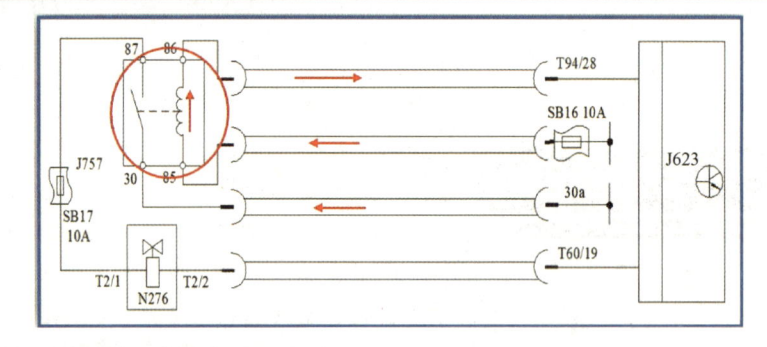

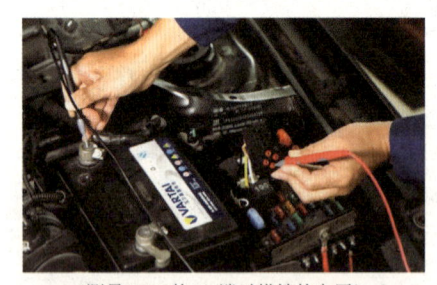

(测量 J757 的 30 端对搭铁的电压)

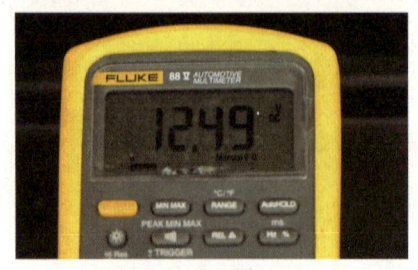

(J757 的 30 端对搭铁的电压)

第三步：测量 J757 的 30 端对搭铁的电压，确定故障范围。

关闭点火开关，拔出 J757，用自制继电器跨接器连接 J757 的插座。

打开点火开关，用数字万用表测量 J757 插座的 30 端对搭铁的电压，应该为蓄电池电压+B，实测为蓄电池电压+B，说明 J757 的主电路没有故障。

项目四
发动机加速不良的故障检修

（测量 J757 插座的 85 端和 86 端之间的电压）

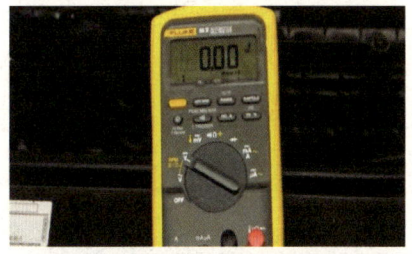

（对比 J757 的 85 端和 86 端的电压）

（测量 85 端的对地电压）

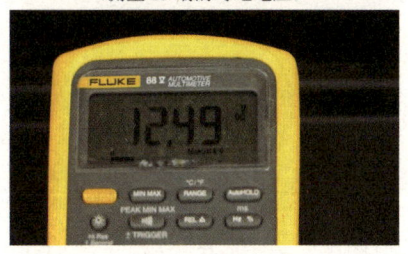

（对比 85 端的对地电压）

第四步：测量 J757 插座的 85 端和 86 端之间的电压，确定故障范围。

打开点火开关，用数字万用表测量 J757 插座的 85 端和 86 端之间的电压，应该为蓄电池电压+B，实测结果为 0V，电压异常。

测量 85 端的对地电压，应该为蓄电池电压+B，实测结果为蓄电池电压+B，电源正极供电正常。

在正常情况下，30 端、85 端的电压应为蓄电池电压+B，86 端的电压应从打开点火开关的某一电压切换到发动机起动后的搭铁电压 0V。

若这三个端的电压均正常，说明 J757 自身故障，但不能确定具体故障部位，需要对继电器进行元件测试。

若 85 端的电压异常，说明 J757 与 SB16 相连的电路故障；若 30 端的电压异常，说明上游电路故障；若 85 端和 86 端之间的电压一直为 0V，说明 J757 控制电路故障。

综合以上实测结果：85 端的电压应为蓄电池电压+B，85 端和 86 端之间的电压为 0V，这说明 J757 的控制电路故障，可能的原因有：

（1）J757 与 J623 之间的电路故障。
（2）J623 自身及相关输入电路故障。

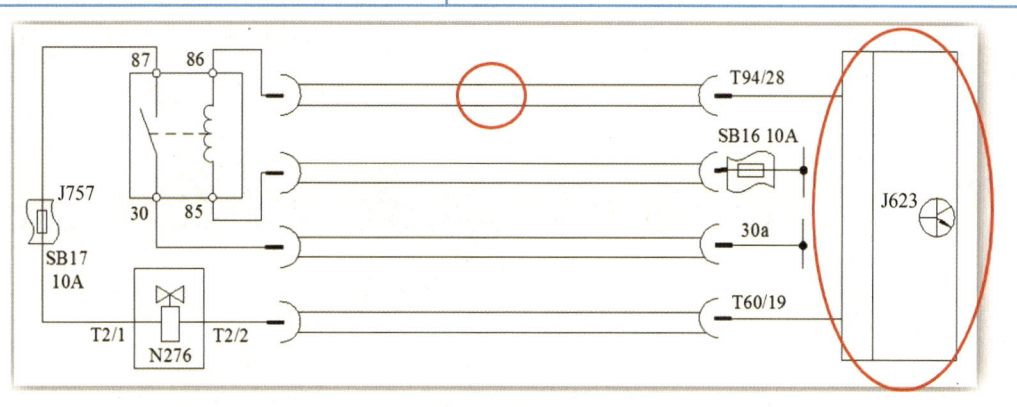

93

汽车综合故障诊断与排除

（检查 J623 的 T94/28 端）

（检查 J757 的 86 端）

第五步：检查 J623 的 T94/28 端和 J757 插座的 86 端之间导线的通断，确定故障所在。

关闭点火开关，用数字万用表测量 J623 的 T94/28 端和 J757 插座的 86 端之间导线的电阻值。电阻值应小于 1Ω，实测电阻值为无穷大。这说明 J623 的 T94/28 端到 J757 的 86 端之间的电路断路。

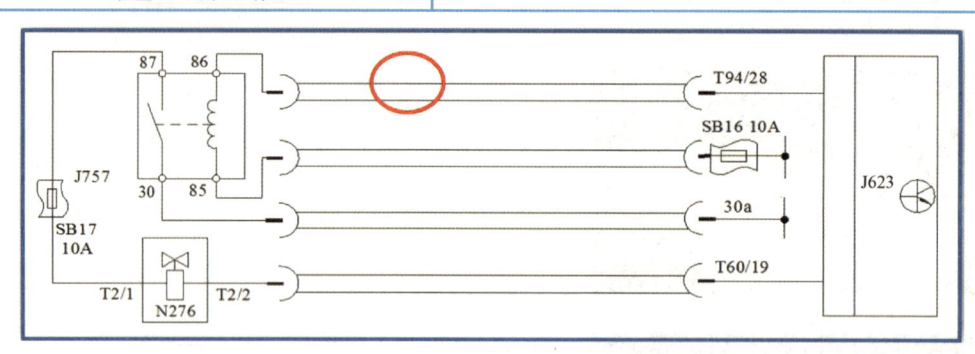

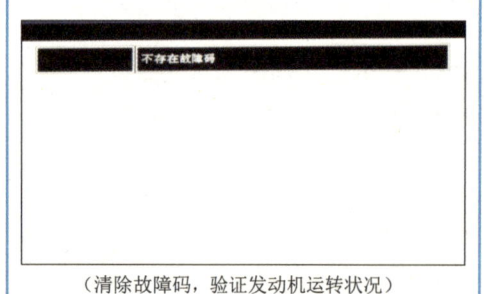

（清除故障码，验证发动机运转状况）

第六步：维修断路的导线，恢复所拆卸部件。

第七步：检查故障码，验证发动机运转状况。

先清除故障码，再读取故障码，此时无故障码显示。

起动发动机，再读取故障码，此时无故障码显示，发动机运转正常，故障已排除。

任务四　发动机部件供电继电器自身故障诊断与检修

知识目标

（1）掌握发动机部件供电继电器自身故障，汽车发动机加速不良故障检修的流程和分析

项目四
发动机加速不良的故障检修

方法。

（2）掌握发动机部件供电继电器的工作原理和检修方法。

（3）掌握发动机加速不良故障机理。

视频 4-4：发动机部件供电继电器自身故障诊断与检修

⚒ 能力目标

（1）能使用解码器和云诊断系统进行故障信息的读取，确认发动机部件供电继电器自身故障现象。

（2）能借助云诊断系统、维修手册等识读电路图，分析发动机部件供电继电器自身故障产生的可能原因。

（3）能根据故障原因，制定发动机部件供电继电器自身故障检修方案。

（4）能根据检修方案，依据厂家技术标准，正确使用专用工具完成发动机部件供电继电器自身故障诊断与排除，准确率达到 100%。

素质目标

（1）通过使用解码器和云诊断系统，锻炼学生信息检索和数据分析的能力。

（2）通过使用维修工具，提升学生的安全责任意识和规范操作意识。

（3）通过制定故障诊断流程，锻炼学生团队协作及自主思考的能力。

（4）养成精益求精的工作作风和严谨求实的劳动态度，增强职业荣誉感。

重点难点

重点	难点
能在实车上完成发动机部件供电继电器自身故障的检测与维修任务，准确率达到 100%	能准确制定出发动机部件供电继电器自身故障的诊断流程

客户描述

一辆 2013 款迈腾 B7 轿车，行驶里程为 15 万千米，客户反映该车近期发动机加速不良。起动发动机后，仪表板上 EPC 灯长亮，急踩加速踏板，转速表指针不摆动，发动机最高转速不超过 3000r/min。再次踩加速踏板，发动机最高转速仍不超过 3000 r/min。

故障分析

当发动机加速到 3000r/min 的时候，转速再也不能上升，说明发动机的功率可能达到了极限，或者出现了超速断油的现象。而后者不符合原车的实际情况，因此可以判定发动机功率达到极限，可能的原因有：

（1）进气系统、排气系统故障。

（2）燃油系统故障。

（3）电控系统故障。

(4) 点火系统故障。

实施准备

安全准备：做好汽车安全防护与准备工作（车轮垫块、举升垫块的安装，座椅四件套、翼子板布的安装，以及机油、冷却液、制动液的检查）。

工具设备：数字万用表、故障诊断仪（红盒子）、发动机控制单元端子跨接盒、示波器、跨接线若干。

实训汽车：2013 款迈腾 B7 轿车。

辅助资料：汽车原厂维修手册、原厂电路图。

实训步骤

第一步：使用解码器，读取故障码。

打开点火开关，使用解码器，选择"发动机管理"选项，读取故障码。故障码为 08852：燃油压力调节阀（N276）开路 P2294。

根据故障码含义，说明 N276 未进入工作状态，造成 N276 开路可能的原因有：

（1）J757 的主电路故障。
（2）J757 自身故障。
（3）J757 的控制电路故障。
（4）N276 及其电路故障。

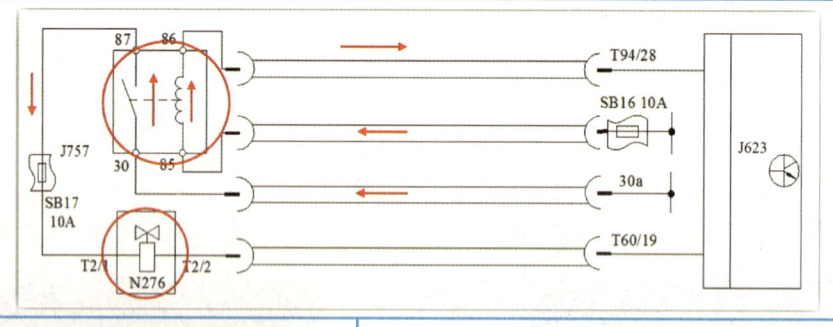

（选择"发动机管理"选项，读取故障码）

第二步：测量 J757 的 87 端对搭铁的电压，确定故障范围。

由于 J757 的 87 端与 SB17 直接相连，所以可以在发动机怠速运转时，用数字万用表测量 SB17 的搭铁电压。

在正常情况下，SB17 的搭铁电压应为蓄电

（测量 SB17 的搭铁电压）

项目四
发动机加速不良的故障检修

池电压+B，否则说明继电器输出异常。实测结果为 2.93V，说明继电器输出电压异常，可能的原因有：

（1）J757 的主电路故障。
（2）J757 自身故障。
（3）J757 的控制电路故障。

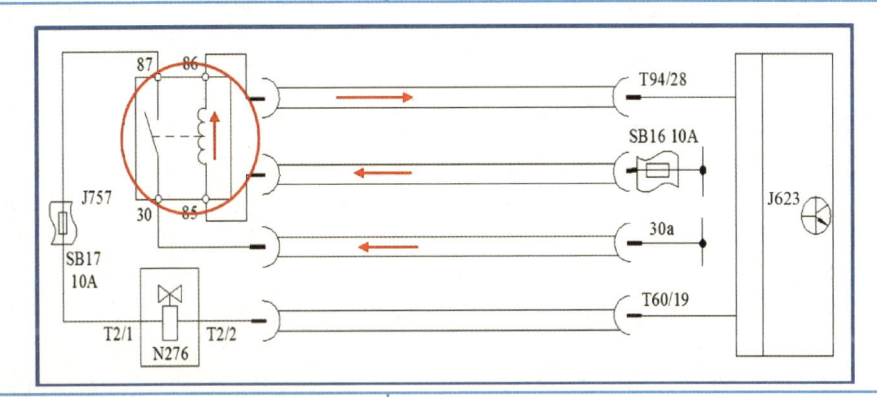

（SB17 的搭铁电压实测值）

（测量 J757 插座的 85 端与 86 端之间的电压）

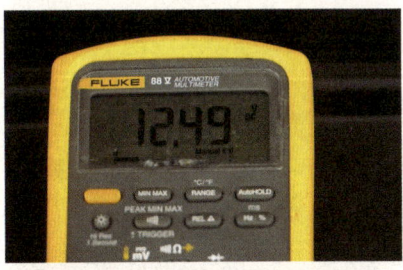

（J757 插座的 85 端和 86 端的电压实测值）

（测量 J757 插座 30 端的对地电压）

第三步：测试 J757 插座的 85 端与 86 端之间的电压和 30 端的对地电压，确定故障范围。

关闭点火开关，拔出 J757，用自制继电器跨接器连接 J757 的插座。

打开点火开关，用数字万用表测量 J757 插座的 85 端和 86 端之间的电压，应该为蓄电池电压+B，实测结果为蓄电池电压+B，电压正常。

用数字万用表测量 J757 插座的 30 端对地电压，应该为蓄电池电压+B，实测结果为蓄电池电压+B，电压正常。

这三个端的电压均正常，则说明 J757 自身损坏，但不能确定具体故障部位，需要对 J757 进行元件测试。

可能的原因有：
（1）J757 的触点故障。
（2）J757 的线圈故障。

97

（J757 插座 30 端的对地电压实测值）

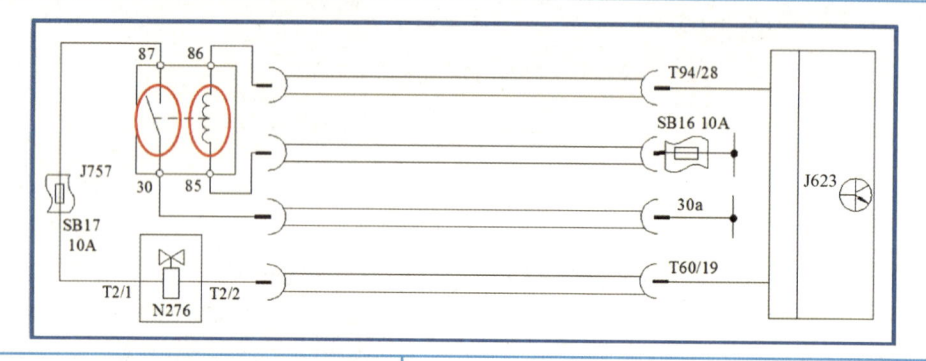

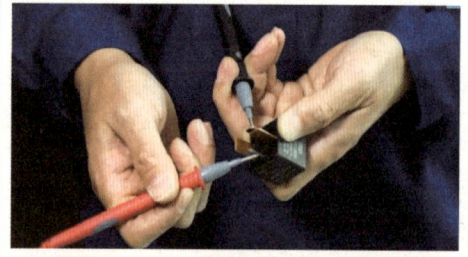

（测量 J757 的 85 端和 86 端之间的电阻值）

（J757 的 85 端和 86 端之间的电阻值实测值）

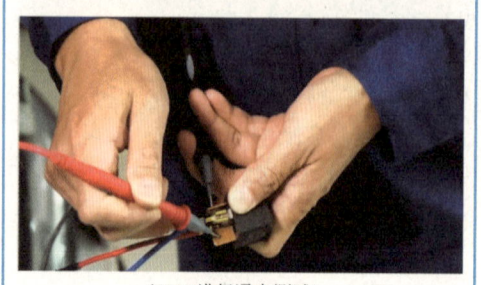

（J757 进行通电测试）

第四步：测试 J757 的性能，确定故障所在。

测量 J757 的 85 端和 86 端之间的电阻值，电阻值正常为 60～200Ω，实测结果为 77Ω，电阻值正常。

在电阻值正常的情况下对 J757 进行通电测试。

85 端接蓄电池负极，86 端接蓄电池正极，用数字万用表测量 30 端和 87 端之间的电阻值。

在正常情况下，85 端、86 端通电前后，30 端和 87 端之间的电路从断路切换到导通。

实测结果为 30 端和 87 端之间的电阻值为无穷大，触点无法闭合。所以得出结论：J757 的触点断路。

项目四
发动机加速不良的故障检修

（测量30端和87端之间的电阻值）

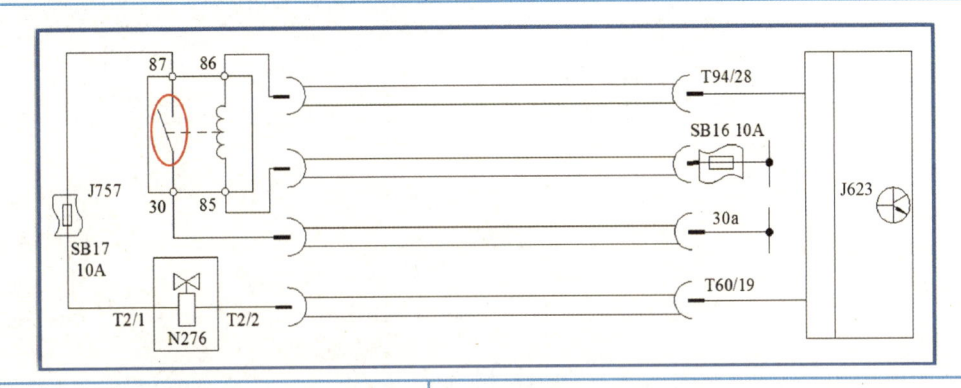

第五步：维修断路的导线，恢复所拆卸部件。

第六步：检查故障码，验证发动机运转状况。

先清除故障码，再读取故障码，此时无故障码显示。

起动发动机，再读取故障码，此时无故障码显示，发动机运转正常，故障已排除。

（清除故障码，验证发动机运转状况）

99

项目五

灯光系统异常的故障检修

学习目标

完成本项目的学习任务后，能够：

（1）叙述汽车灯光系统的功能作用及结构原理。

（2）根据整车电路图绘制出灯光系统的电路简图，并分析其控制原理。

（3）查找灯光系统相关元件的安装位置。

（4）根据故障现象和查阅资料获取的信息，分析故障原因，并在教师的指导下制定故障诊断方案，完成故障诊断流程的编制。

（5）在教师的指导下，以小组合作的方式，按照拟定的流程和规范操作的要求诊断与排除灯光系统异常的故障。

（6）对工作任务的完成情况进行正确评估和反思，制定其他相关故障的诊断流程并实施。

建议学时

16 学时

任务一　灯光系统应急保护运行模式分析

知识目标

（1）掌握迈腾 B7 灯光系统的组成。

（2）掌握迈腾 B7 灯光系统各元件在实车上的安装位置。

（3）掌握迈腾 B7 灯光电路原理。

视频 5-1：灯光系统应急保护运行模式分析

项目五
灯光系统异常的故障检修

⚒ 能力目标

（1）根据迈腾 B7 发动机维修手册，能在实车上找到迈腾 B7 灯光系统各元件的安装位置，准确率达到 100%。

（2）根据迈腾 B7 发动机维修手册，能绘制出灯光电路简图，不得多线、漏线，准确率达到 100%。

（3）能自主准确地分析迈腾 B7 灯光电路原理。

💗 素质目标

（1）通过绘制电路图环节，培养学生细致严谨、精益求精的工作态度。

（2）通过分析电路原理环节，帮助学生获得职业认同感、提升职业素养、树立职业自信心。

（3）强化爱国主义教育，激励学生努力学习，为国家工业发展贡献力量。

⚖ 重点难点

重点	难点
根据迈腾 B7 发动机维修手册，能绘制出灯光电路简图，不得多线、漏线，准确率达到 100%	能自主准确地分析迈腾 B7 灯光电路原理

知识准备

---

1. 迈腾 B7 灯光系统工作过程

在实际生活中，很多人倾向于汽车故障的检测诊断而忽视了对汽车应急模式的理解。应急模式，就国家和社会层面来讲，政府部门制定的应急预案，是对自然灾害和突发安全事故的紧急应对，可以在一定程度上减少伤亡、降低损失。同样，在我们的身边，教室安装有应急灯，它的照明效果虽不及正常日光灯，但可以使我们不至于处在黑暗之中。灯光系统也是如此，对于迈腾 B7 灯光系统而言，当灯光开关信号传递异常时，系统会进入应急模式，使某些灯异常点亮，在一定程度上弥补灯光系统故障带来的不利影响。但是灯光系统应急模式本身是一种故障现象，需要我们在理解灯光系统控制原理的基础上分析、判断、检测、排除。

对于迈腾 B7 灯光系统来讲，灯光开关是旋转开关 E1，它将灯光各挡位信号传递给 J519。灯光开关信号线主要有 T10j/9 端、T10j/3 端、T10j/1 端、T10j/5 端、T10j/7 端等所对应的线路，其分别传递关闭挡、小灯挡、前照灯挡、前雾灯挡和后雾灯挡的挡位信号。当灯光开关旋转至不同挡位时，相应线路上传递相应挡位信号。

迈腾 B7 灯光系统电路如图 5-1 所示。

汽车综合故障诊断与排除

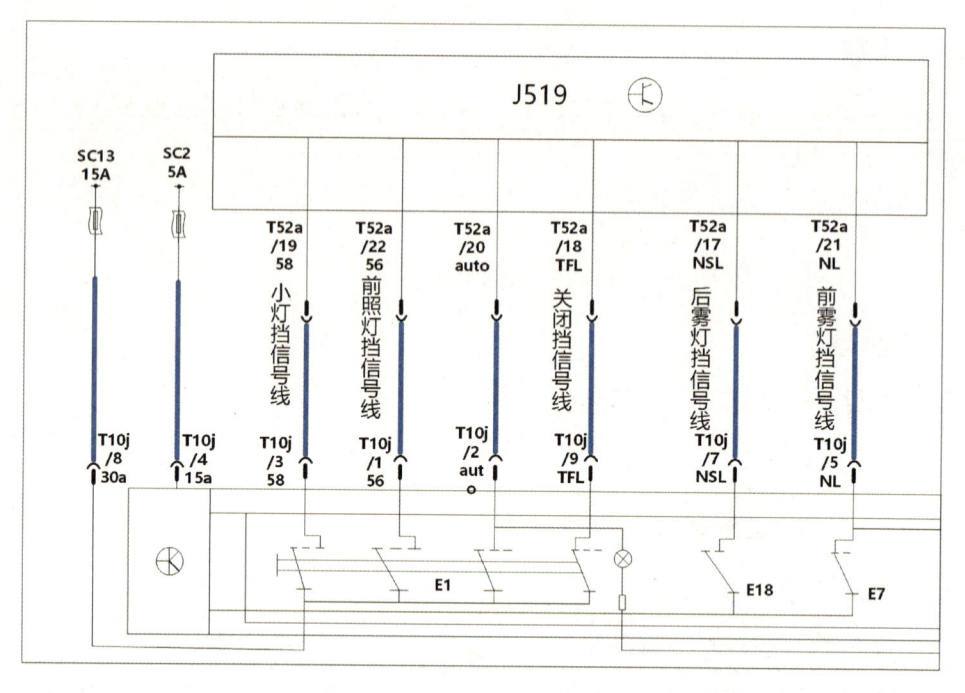

图 5-1 迈腾 B7 灯光系统电路

灯光开关 E1 由 SC13 供电，当灯光开关 E1 置于不同挡位（包括关闭挡）时，相应信号线就会接通，向 J519 提供一个 +B 电压信号，J519 向相应的车灯供电，点亮车灯。灯光开关 E1 置于每个挡位时只有一条信号线接通。J519 在收到小灯挡或前照灯挡信号的情况下，再收到雾灯挡信号，才会开启相应的雾灯，且要想开启后雾灯须先开启前雾灯。

2. 前照灯应急模式

断开关闭挡信号线，其余信号线正常，各灯的亮灭情况及状态如表 5-1 所示。

表 5-1 断开关闭挡信号线，其余信号线正常

开关挡位	小灯	前照灯	前雾灯	后雾灯	状态
关闭挡	√	√	—	—	异常
小灯挡	√	×	×	×	正常
小灯挡开前雾灯	√	×	√	×	正常
小灯挡开后雾灯	√	×	√	√	正常
前照灯挡	√	√	×	×	正常
前照灯挡开前雾灯	√	√	√	×	正常
前照灯挡开后雾灯	√	√	√	√	正常

当灯光开关置于关闭挡时，小灯和前照灯异常点亮，其余挡位正常。

断开小灯挡信号线，其余信号线正常，各灯的亮灭情况及状态如表 5-2 所示。

表 5-2　断开小灯挡信号线，其余信号线正常

开关挡位	小灯	前照灯	前雾灯	后雾灯	状态
关闭挡	×	×	—	—	正常
小灯挡	√	√	×	×	异常
小灯挡开前雾灯	√	√	×	×	异常
小灯挡开后雾灯	√	√	×	×	异常
前照灯挡	√	√	×	×	正常
前照灯挡开前雾灯	√	√	√	×	正常
前照灯挡开后雾灯	√	√	√	√	正常

当灯光开关置于小灯挡时，除小灯点亮和前照灯异常点亮外，前后雾灯均无法开启，其余挡位正常。

断开前照灯挡信号线，其余信号线正常，各灯的亮灭情况及状态如表 5-3 所示。

表 5-3　断开前照灯挡信号线，其余信号线正常

开关挡位	小灯	前照灯	前雾灯	后雾灯	状态
关闭挡	×	×	—	—	正常
小灯挡	√	×	×	×	正常
小灯挡开前雾灯	√	×	√	×	正常
小灯挡开后雾灯	√	×	√	√	正常
前照灯挡	√	√	×	×	正常（？）
前照灯挡开前雾灯	√	√	×	×	异常
前照灯挡开后雾灯	√	√	×	×	异常

当灯光开关置于前照灯挡时，小灯和前照灯点亮，前、后雾灯均无法开启，说明灯光开关置于前照灯挡但不开雾灯时的正常状态为假象，实质上也是一种异常状态，其余挡位正常。

由上面三个结果分析可知，任一挡位信号线断路时，将灯光开关置于此断路挡位，J519 均无法收到任何开关信号，系统无法判断此时驾驶员的意图。为安全起见，系统开启小灯和前照灯，此种情况下，前、后雾灯均无法正常开启。这就是迈腾 B7 的前照灯应急模式。

3. 雾灯应急模式

断开前雾灯开关信号线，其余信号线正常，各灯的亮灭情况及状态如表 5-4 所示。

表 5-4　断开前雾灯开关信号线，其余信号线正常

开关挡位	小灯	前照灯	前雾灯	后雾灯	状态
关闭挡	×	×	—	—	正常
小灯挡	√	×	×	×	正常

续表

开关挡位	小灯	前照灯	前雾灯	后雾灯	状态
小灯挡开前雾灯	√	×	×	×	异常
小灯挡开后雾灯	√	√	×	×	异常
前照灯挡	√	√	×	×	正常
前照灯挡开前雾灯	√	√	×	×	异常
前照灯挡开后雾灯	√	√	×	√	异常

当灯光开关置于小灯挡时开前雾灯，前雾灯不亮，再开后雾灯，前照灯异常点亮，前、后雾灯均不亮；当灯光开关置于前照灯挡时开前雾灯，前雾灯不亮，再开后雾灯，前雾灯仍不亮，但后雾灯点亮，这就是雾灯应急模式。

任务二　小灯不亮故障诊断与检修

🖥 知识目标

（1）掌握小灯不亮，灯光系统异常故障检修的流程和分析方法。
（2）掌握灯光系统的工作原理和检修方法。
（3）掌握灯光系统异常故障机理。

视频 5-2：小灯不亮故障诊断与检修

🛠 能力目标

（1）能使用解码器和云诊断系统进行故障信息的读取，确认小灯不亮故障现象。
（2）能借助云诊断系统、维修手册等识读电路图，分析小灯不亮故障产生的可能原因。
（3）能根据故障原因，制定小灯不亮故障检修方案。
（4）能根据检修方案，依据厂家技术标准，正确使用专用工具完成小灯不亮故障诊断与排除，准确率达到 100%。

💗 素质目标

（1）通过使用解码器和云诊断系统，锻炼学生信息检索和数据分析的能力。
（2）通过使用维修工具，提升学生的安全责任意识和规范操作意识。
（3）通过制定故障诊断流程，锻炼学生团队协作及自主思考的能力。
（4）养成精益求精的工作作风和严谨求实的劳动态度，增强职业荣誉感。

⚒ 重点难点

重点	难点
规范使用故障诊断仪、数字万用表对小灯不亮故障进行诊断	能查阅维修手册，规范制定出小灯不亮故障的诊断流程

项目五
灯光系统异常的故障检修

客户描述

一辆 2013 款迈腾 B7 轿车，行驶里程为 6 万千米，客户反映该车近期左侧小灯不亮。

下面我们根据客户的反映，对该车灯光系统进行检查和分析。打开点火开关后，仪表盘灯光系统故障灯长亮，将灯光开关旋转至小灯挡时，左侧小灯不亮，右侧小灯正常点亮；将灯光开关旋转至其他挡时，其他灯正常点亮。

故障分析

如图 5-2 所示，对于迈腾 B7 轿车，针对灯光系统的应急保护有两种情况：一种是灯光开关的 TFL 端、56 端、58 端在任何情况下，必须只有一个端的电压为高电位，否则系统就会进入应急保护模式；另一种是当后雾灯开关打开时，前雾灯开关也必须打开，有信号输出，否则也会进入应急模式。如果系统能够提示故障码，就按照故障码内容进行诊断。如果没有故障码提示，就先排除应急故障，再排除个别故障。本例中故障没有使系统进入应急模式，可以先读取故障码。

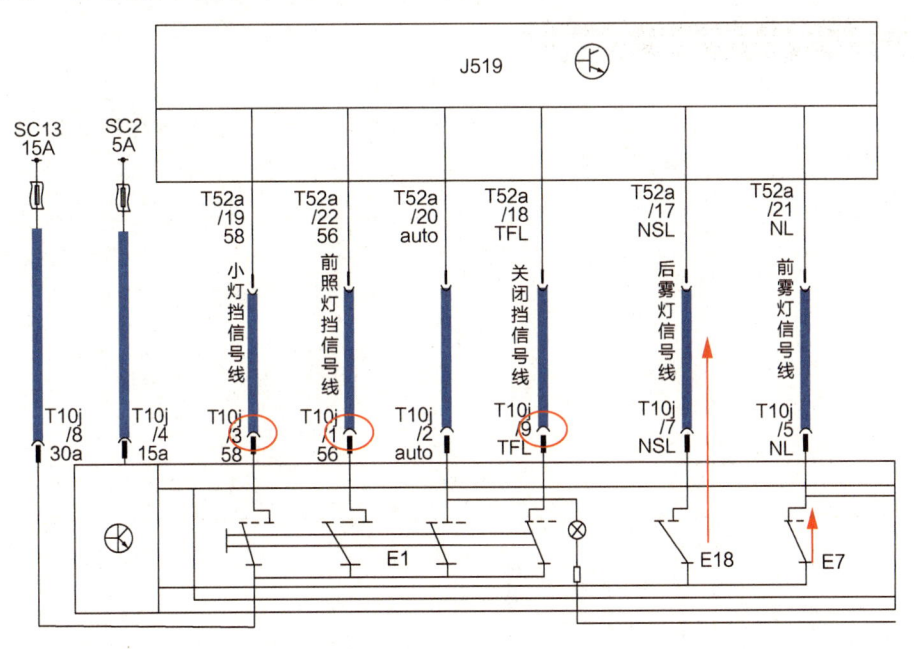

图 5-2 灯光系统故障分析

实施准备

安全准备：做好汽车安全防护与准备工作（车轮垫块、举升垫块的安装，座椅四件套、翼子板布的安装，以及机油、冷却液、制动液的检查）。

工具设备：数字万用表、故障诊断仪（红盒子）、跨接线若干。

汽车综合故障诊断与排除

实训汽车：2013 款迈腾 B7 轿车。

辅助资料：汽车原厂维修手册、原厂电路图。

实训步骤

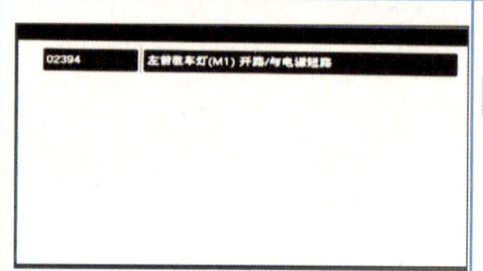

第一步：使用解码器，读取故障码。

打开点火开关，使用解码器，选择"中央电子单元"选项，读取故障码，故障码为 02394：左前驻车灯（M1）开路/与电源短路。

（选择"中央电子单元"选项，读取故障码）

第二步：检查车灯开关信号输入是否正常。

打开点火开关，打开灯光开关，用解码器读取相关数据流，选择通道 41 测量 J519 对驻车灯供电是否正常，实测为左前驻车灯 100%，右前驻车灯 100%。

测试发现，J519 对驻车灯供电正常，说明 J519 自身正常。由于其他挡位灯光工作正常，说明灯光开关及其信号电路正常。因此故障可能在左侧小灯及其电路上。左侧小灯和其他灯合用搭铁，因此暂时不考虑搭铁故障的可能，可能的原因有：

（1）J519 到左侧小灯之间的电路故障。

（2）左侧小灯自身故障。

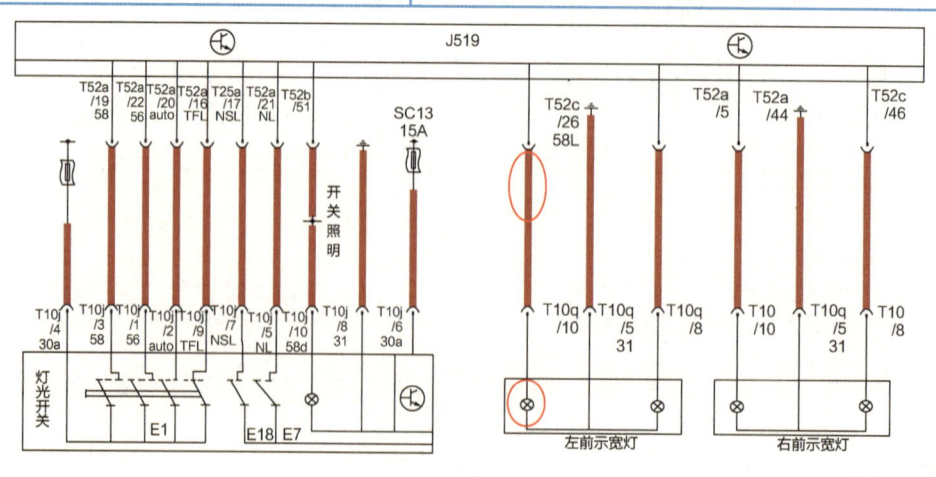

（测量 J519 对驻车灯供电是否正常）

项目五
灯光系统异常的故障检修

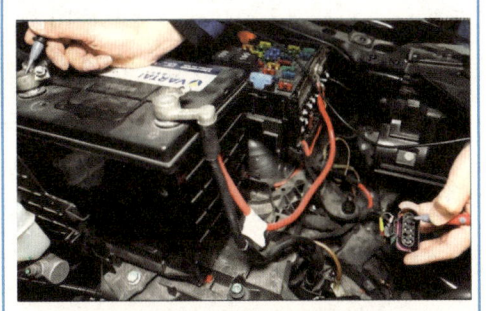

（测量 T10q/10 端的搭铁电压）

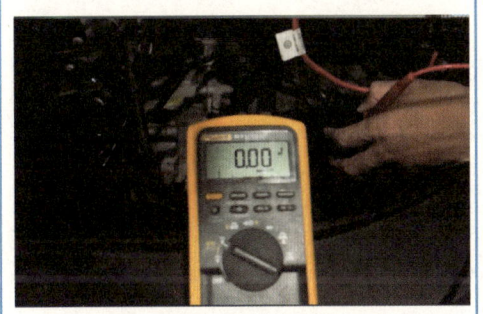

（T10q/10 端搭铁电压的实测值为 0V）

第三步：检查左侧小灯工作电源是否正常。

关闭点火开关，拔下左侧小灯侧插头，打开点火开关，旋转灯光开关至小灯挡时，用数字万用表测量左侧小灯侧插头 T10q/10 端的搭铁电压。正常情况下的电压应为蓄电池电压+B，实测结果为 0V。

上述实测结果说明左侧小灯没有接收到控制信号，可能的原因为 J519 到 T10q/10 端之间的电路故障。

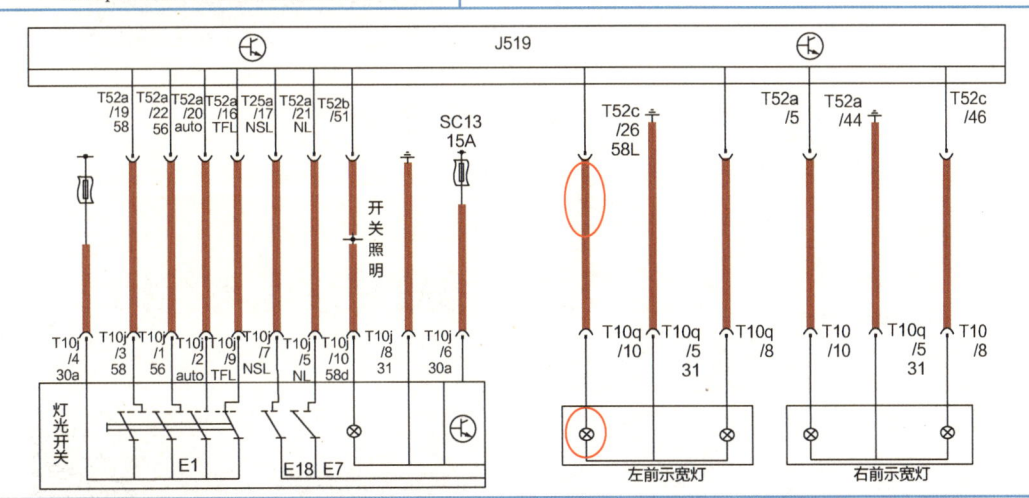

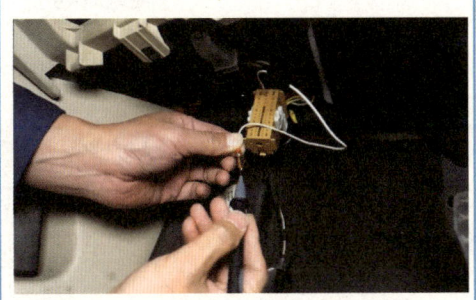

（测量 T52c/26 端到 T10q/10 端之间的电阻值）

第四步：检测 T52c/26 端到 T10q/10 端电路的通断。

检查 J519 的 T52c/26 端到 T10q/10 端之间的电路是否正常。

关闭点火开关，拔下 J519 棕色 52 芯插头，将跨接线插入 T52c/26 端，用数字万用表测量 J519 的 T52c/26 端到 T10q/10 端之间的电阻值。电阻值应该小于 1Ω，实测为无穷大。

107

汽车综合故障诊断与排除

（T52c/26 端到 T10q/10 端之间的电阻值为无穷大）

上述实测结果说明 T52c/26 端至 T10q/10 端之间的电路断路。

第五步：维修断路的导线，恢复所拆卸的部件。

第六步：检查故障码，验证左侧小灯是否点亮。

先清除故障码，将灯光开关置于小灯挡，再读取故障码，此时无故障码显示。

将灯光开关置于小灯挡，左右两侧小灯正常点亮，将灯光开关旋转至其他挡时，其他灯正常点亮，故障已排除。

（清除故障码，验证灯光系统）

任务三　小灯开关电路故障诊断与检修

🖥 知识目标

（1）掌握小灯开关电路故障，灯光系统异常故障检修的流程和分析方法。

（2）掌握灯光系统的工作原理和检修方法。

（3）掌握小灯开关电路故障机理。

视频 5-3：小灯开关电路故障诊断与检修

🔧 能力目标

（1）能使用解码器和云诊断系统进行故障信息的读取，确认小灯开关电路故障现象。

（2）能借助云诊断系统、维修手册等识读电路图，分析小灯开关电路故障产生的可能原因。

（3）能根据故障原因，制定小灯开关电路故障检修方案。

（4）能根据检修方案，依据厂家技术标准，正确使用专用工具完成小灯开关电路故障诊断与排除，准确率达到 100%。

素质目标

（1）通过使用解码器和云诊断系统，锻炼学生信息检索和数据分析的能力。
（2）通过使用维修工具，提升学生的安全责任意识和规范操作意识。
（3）通过制定故障诊断流程，锻炼学生团队协作及自主思考的能力。
（4）养成精益求精的工作作风和严谨求实的劳动态度，增强职业荣誉感。

重点难点

重点	难点
规范使用故障诊断仪、数字万用表对小灯开关电路故障进行诊断	能查阅维修手册，规范制定出小灯开关电路故障的诊断流程

客户描述

一辆 2013 款迈腾 B7 轿车，行驶里程为 10 万千米，客户反映该车近期打开小灯挡时，前照灯也会亮。
下面我们根据客户的反映，对该车灯光系统进行检查和分析：
（1）打开点火开关，将灯光开关旋至小灯挡，小灯、前照灯点亮，打开前、后雾灯开关，前、后雾灯均不亮。
（2）其他灯正常。

故障分析

前面已对灯光应急保护运行模式控制方法进行分析，灯光应急模式有前照灯应急模式和雾灯应急模式。
前照灯应急模式：①断开关闭挡信号线，其余信号线正常；②断开小灯挡信号线，其余信号线正常；③断开前照灯挡信号线，其余信号线正常。
雾灯应急模式：断开前雾灯开关信号线，其余信号线正常。
如果系统能够提示故障码，就按照故障码内容进行诊断。如果没有故障码提示，就先排除应急故障，再排除个别故障。

实施准备

安全准备：做好汽车安全防护与准备工作（车轮垫块、举升垫块的安装，座椅四件套、翼子板布的安装，以及机油、冷却液、制动液的检查）。
工具设备：数字万用表、故障诊断仪（红盒子）、跨接线若干。
实训汽车：2013 款迈腾 B7 轿车。

汽车综合故障诊断与排除

辅助资料：汽车原厂维修手册、原厂电路图。

实训步骤

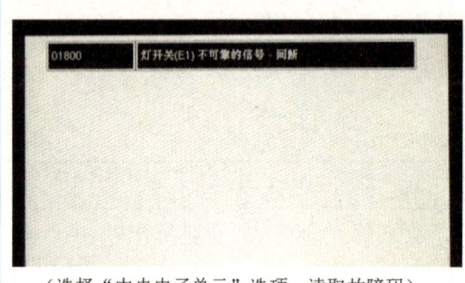

（选择"中央电子单元"选项，读取故障码）

第一步：使用解码器，读取故障码。

打开点火开关，使用解码器，选择"中央电子单元"选项，读取故障码，故障码为01800：灯开关（E1）不可靠的信号-间断。

根据故障码的含义，推断灯光开关信号输入异常，加之将灯光开关旋转到小灯挡时，前照灯异常点亮，说明灯光系统进入应急模式。

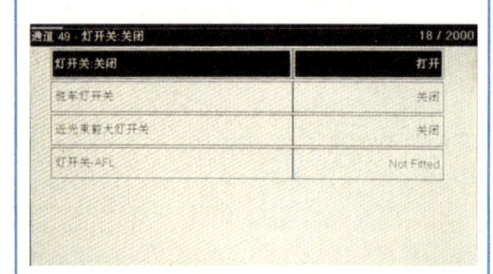

（灯光开关OFF挡的信号输出）

（小灯挡的信号输出）

（前照灯挡的信号输出）

第二步：检查灯光开关信号输入是否正常。

打开点火开关，将灯光开关先从关闭挡切换到小灯挡再切换到前照灯挡，用解码器读取相关数据流，选择通道49测量灯光开关的信号输出。

（1）49/1（灯光开关）打开—关闭—关闭（正常）。

（2）49/2（小灯挡）关闭—关闭—关闭（异常），标准为关闭—打开—关闭。

（3）49/3（前照灯挡）关闭—关闭—打开（正常）。

实测发现，J519未收到灯光开关（小灯挡）信号，可能的原因有：

（1）灯光开关故障。
（2）灯光开关与J519之间的线路故障。
（3）J519局部故障。

110

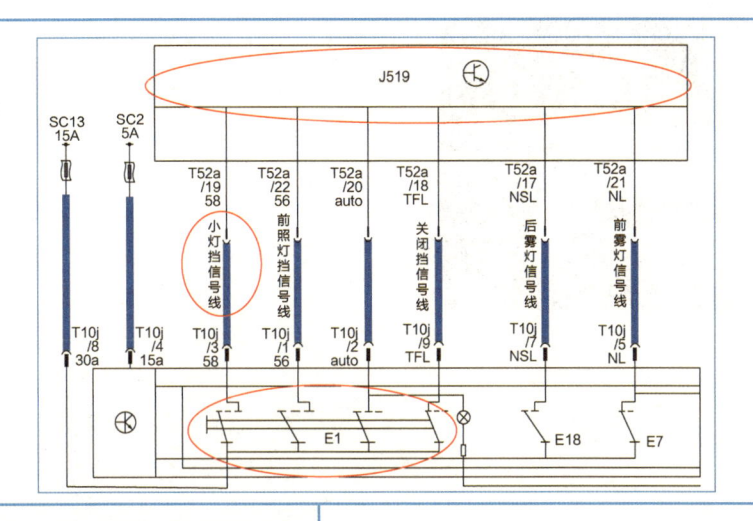

项目五
灯光系统异常的故障检修

（电路图，含 J519、SC13 15A、SC2 5A、T52a/19 58、T52a/22 56、T52a/20 auto、T52a/18 TFL、T52a/17 NSL、T52a/21 NL，小灯挡信号线、前照灯挡信号线、关闭挡信号线、后雾灯信号线、前雾灯信号线，T10j/8 30a、T10j/4 15a、T10j/3 58、T10j/1 56、T10j/2 auto、T10j/9 TFL、T10j/7 NSL、T10j/5 NL，E1、E18、E7）

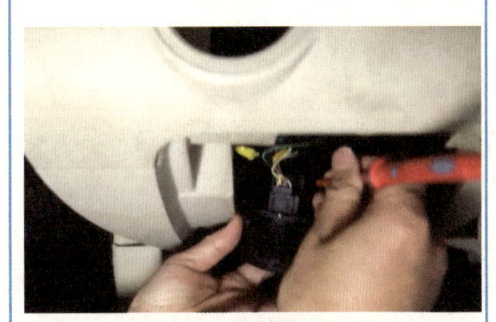

（测量 T10j/3 端对搭铁的电压）

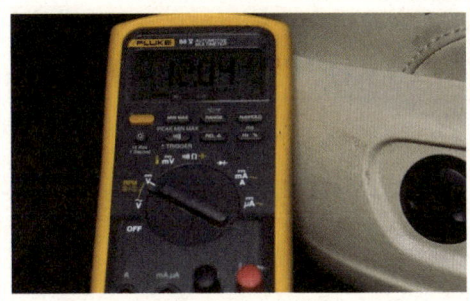

（T10j/3 端对搭铁电压的实测值为 12.04V）

（将跨接线插入 T10j/3 端）

第三步：测量小灯挡灯光开关信号输出。

关闭点火开关，拆下灯光开关，拆下继电器罩，拆下灯光开关固定螺丝，将灯光开关沿顺时针方向旋转一定角度，拉出灯光开关，拆下灯光开关插接器，拔下插接器外壳，将插接器插入灯光开关。

打开点火开关，将灯光开关旋至小灯挡，用测试针背插 T10j/3 端，用数字万用表测量 T10j/3 端对搭铁的电压。T10j/3 端对搭铁电压的实测值为 0V～+B，标准为 0V～+B。

测量结果说明小灯挡时信号输出正常，可能的故障原因有：

（1）灯光开关与 J519 之间的线路故障。
（2）J519 局部故障。

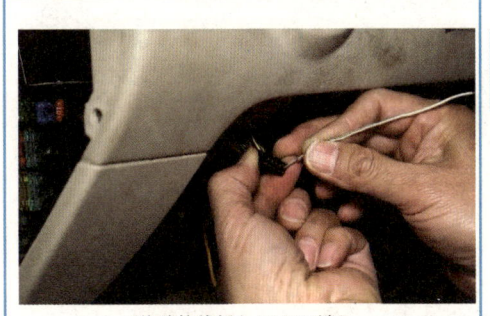

第四步：检查 J519 的 T52a/19 端与灯光开关的 T10j/3 端之间线路的通断。

关闭点火开关，拔下灯光开关上的插接器，将跨接线插入 T10j/3 端。

拔下 J519 的黑色 52 芯插头，将跨接线插入 T52a/19 端，用数字万用表测量 J519 的 T52a/19 端与灯光开关的 T10j/3 端之间的电阻值。J519 的

111

汽车综合故障诊断与排除

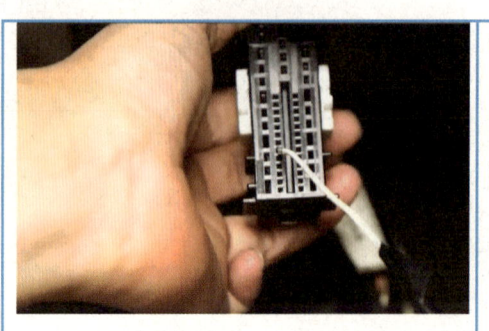

（将跨接线插入 T52a/19 端）	T52a/19 端与灯光开关的 T10j/3 端之间的电阻值应小于 1Ω，实测为无穷大。 上述实测结果说明灯光开关（小灯挡）T10j/3 端到 J519 的 T52a/19 端之间的电路断路。
（清除故障码，验证灯光系统）	**第五步：维修断路的导线，恢复所拆卸的部件。** 插好 J519 的黑色 52 芯插头，装好插接器外壳，将插接器插入灯光开关，安装灯光开关，安装继电器罩。 **第六步：检查故障码，检查小灯挡位的雾灯是否恢复正常。** 先清除故障码，将灯光开关旋转至小灯挡，打开雾灯开关，再读取故障码，此时无故障码显示。 将灯光开关旋转至小灯挡，打开雾灯开关，雾灯正常点亮将灯光开关旋转至其他挡时，其他灯正常点亮，故障已排除。

任务四　组合灯不亮故障诊断与检修

🖥 知识目标

（1）掌握组合灯不亮，汽车灯光系统异常故障检修的流程和分析方法。

（2）掌握灯光系统的工作原理和检修方法。

（3）掌握灯光系统异常故障机理。

视频 5-4：组合灯不亮故障诊断与检修

🔧 能力目标

（1）能使用解码器和云诊断系统进行故障信息的读取，确认组合灯不亮故障现象。

项目五
灯光系统异常的故障检修

（2）能借助云诊断系统、维修手册等识读电路图，分析组合灯不亮故障产生的可能原因。

（3）能根据故障原因，制定组合灯不亮故障检修方案。

（4）能根据检修方案，依据厂家技术标准，正确使用专用工具完成组合灯不亮故障诊断与排除，准确率达到100%。

素质目标

（1）通过使用解码器和云诊断系统，锻炼学生信息检索和数据分析的能力。

（2）通过使用维修工具，提升学生的安全责任意识和规范操作意识。

（3）通过制定故障诊断流程，锻炼学生团队协作及自主思考的能力。

（4）养成精益求精的工作作风和严谨求实的劳动态度，增强职业荣誉感。

重点难点

重点	难点
规范使用故障诊断仪、数字万用表对组合灯不亮故障进行诊断	能查阅维修手册，规范制定出组合灯不亮故障的诊断流程

客户描述

一辆 2013 款迈腾 B7 轿车，行驶里程为 7 万千米，客户反映该车近期打开小灯挡、前照灯挡，左前侧小灯都不亮，打开前雾灯开关，前雾灯不亮。

下面我们根据客户的反映，对该车灯光系统进行检查和分析，故障现象如图 5-3 所示。

01 打开点火开关，将灯光开关旋转到小灯挡时，左前侧小灯不亮，右前侧小灯正常点亮；打开前雾灯开关，前雾灯不亮。

02 将灯光开关旋转到前照灯挡时，左侧前照灯和大灯不亮，右侧前照灯和大灯正常点亮；打开前雾灯开关，前雾灯不亮。

03 打开转向灯开关，左前侧转向灯不亮，右前侧转向灯正常点亮。

04 其他灯正常点亮。

05 后视镜左转向灯闪烁频率高。

图 5-3　故障现象

故障分析

打开点火开关，将灯光开关旋转到小灯挡时，左前侧小灯不亮，右前侧小灯正常点亮，此时电路如图 5-4 所示。

113

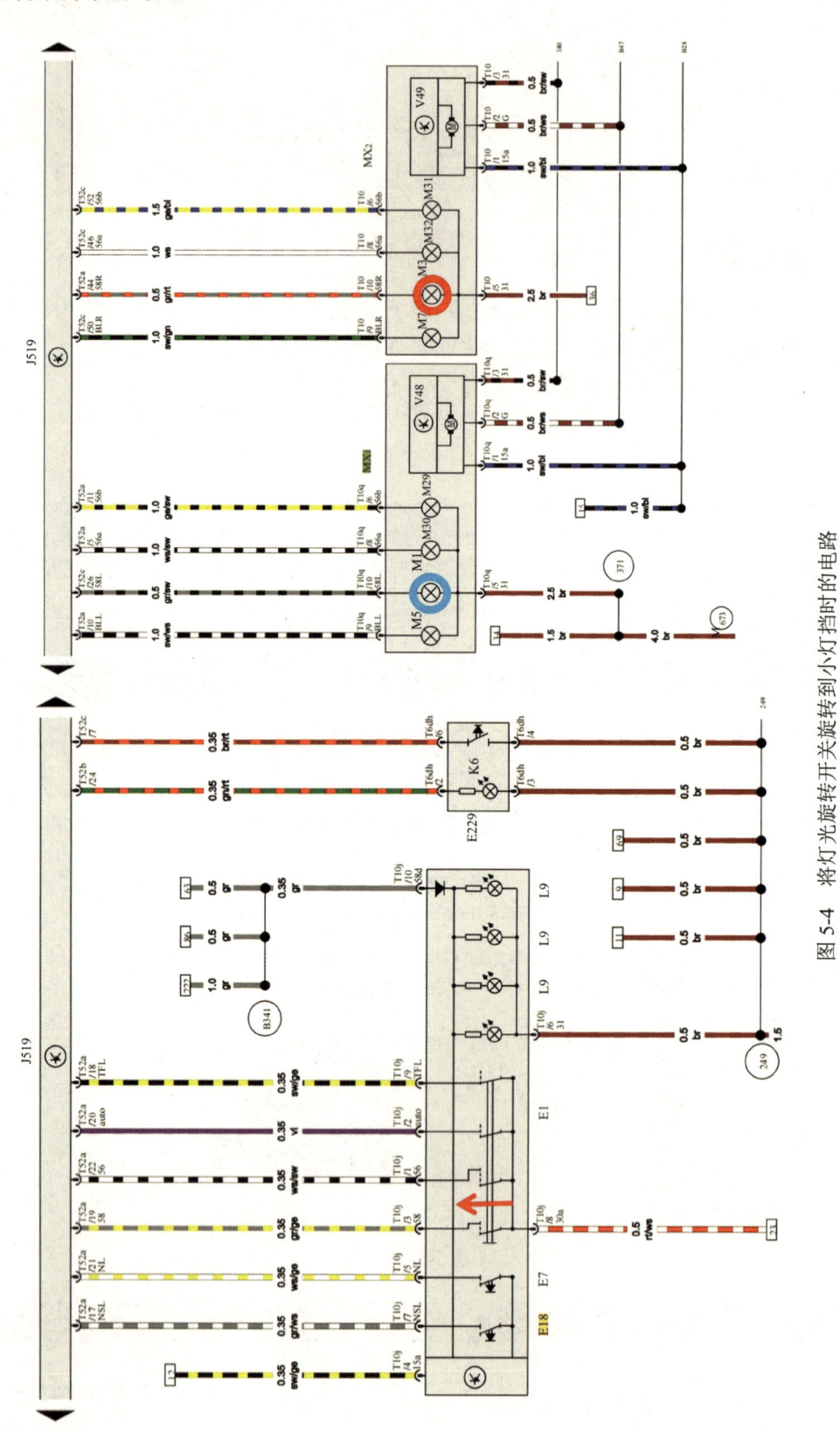

汽车综合故障诊断与排除

图 5-4 将灯光旋转开关旋转到小灯挡时的电路

项目五
灯光系统异常的故障检修

打开灯光开关,将灯光开关旋转到前照灯挡时,左侧前照灯和大灯不亮,右侧前照灯和大灯正常点亮,此时电路如图5-5所示。

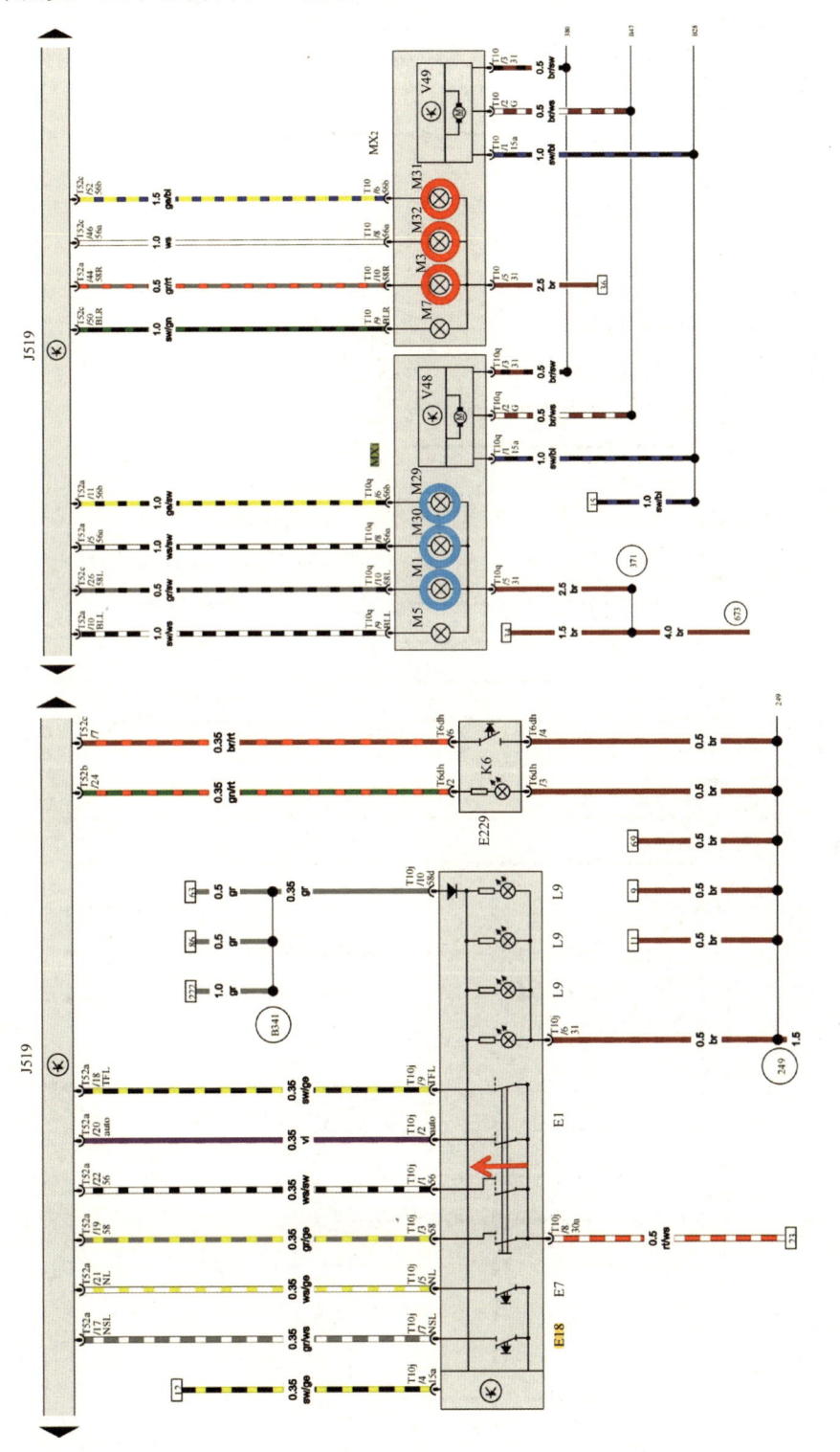

图5-5 将灯光开关旋转到前照灯挡时的电路

汽车综合故障诊断与排除

开启前雾灯开关，前雾灯不亮，此时电路如图 5-6 所示。

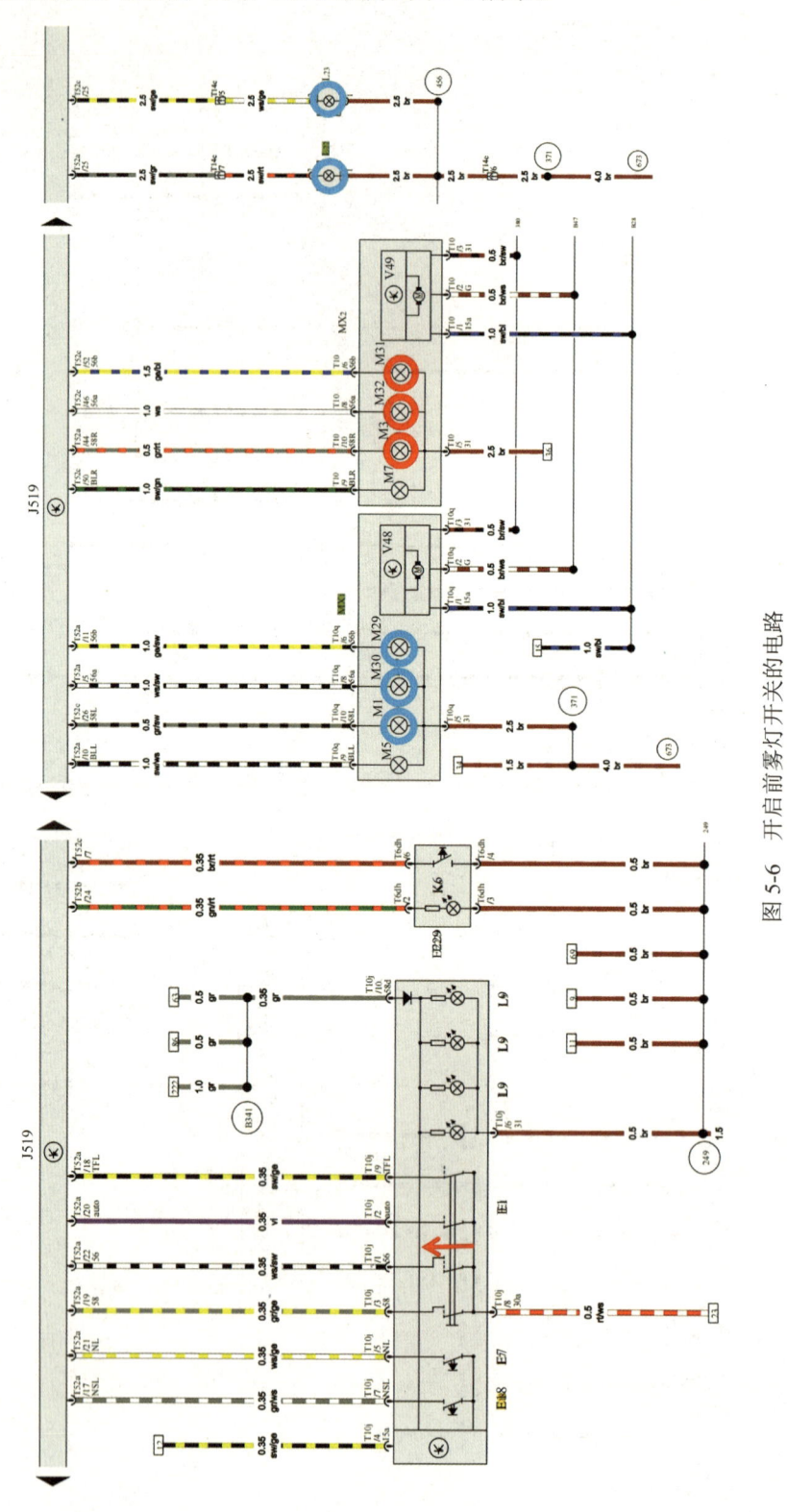

图 5-6 开启前雾灯开关的电路

项目五
灯光系统异常的故障检修

只有左前组合灯和前雾灯不亮，其他灯正常点亮，说明此故障没有使系统进入应急模式，可以先读取故障码。

实施准备

安全准备：做好汽车安全防护与准备工作（车轮垫块、举升垫块的安装，座椅四件套、翼子板布的安装，以及机油、冷却液、制动液的检查）。

工具设备：数字万用表、故障诊断仪（红盒子）、跨接线若干。

实训汽车：2013 款迈腾 B7 轿车。

辅助资料：汽车原厂维修手册、原厂电路图。

实训步骤

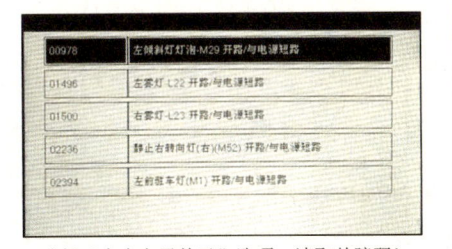

第一步：使用解码器，读取故障码。

打开点火开关，使用解码器，选择"中央电子单元"选项，读取故障码，故障码如下。

00978：左倾斜灯灯泡-M29 开路/与电源短路。

01496：左雾灯-L22 开路/与电源短路。

01500：右雾灯-L23 开路/与电源短路。

02236：静止右转向灯（右）(M52) 开路/与电源短路。

02394：左前驻车灯（M1）开路/与电源短路。

根据故障码的含义，推断灯光开关信号输入异常，左前组合灯和前雾灯控制信号异常。

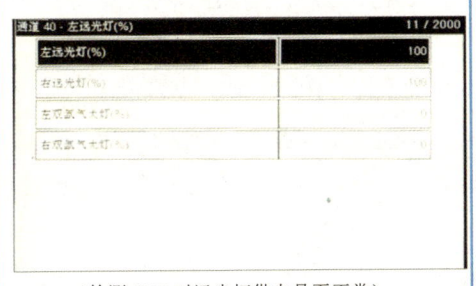

（选择"中央电子单元"选项，读取故障码）

第二步：检查车灯开关信号输入是否正常。

打开点火开关，用解码器读取相关数据流，将灯光开关旋转至前照灯挡。

选择通道 40 检测 J519 对远光灯供电是否正常，实测为左远光灯 100%，右远光灯 100%。

将灯光开关旋转至小灯挡，选择通道 41 检测 J519 对驻车灯供电是否正常，实测为左前驻车灯 100%，右前驻车灯 100%。

将灯光开关旋转至前照灯挡同时打开前雾

（检测 J519 对远光灯供电是否正常）

117

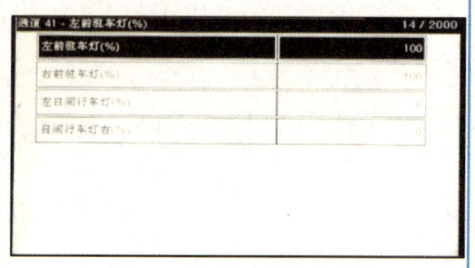

（检测 J519 对驻车灯供电是否正常）

（检测 J519 对前照灯和前雾灯供电是否正常）

灯开关，选择通道 42 检测 J519 对前照灯和前雾灯供电是否正常，实测为左近光束前大灯 100%，右近光束前大灯 100%，左雾灯 100%，右雾灯 100%。

测试发现，J519 对前照灯、驻车灯、前雾灯供电均正常，说明 J519 自身正常。由于其他挡位灯光工作正常，说明开关及其信号电路正常。

分析：由电路图可知，左前侧组合灯和前雾灯共用一条搭铁线，故障可能在左前侧组合灯搭铁线上，可能的原因为左前侧组合灯搭铁线故障。

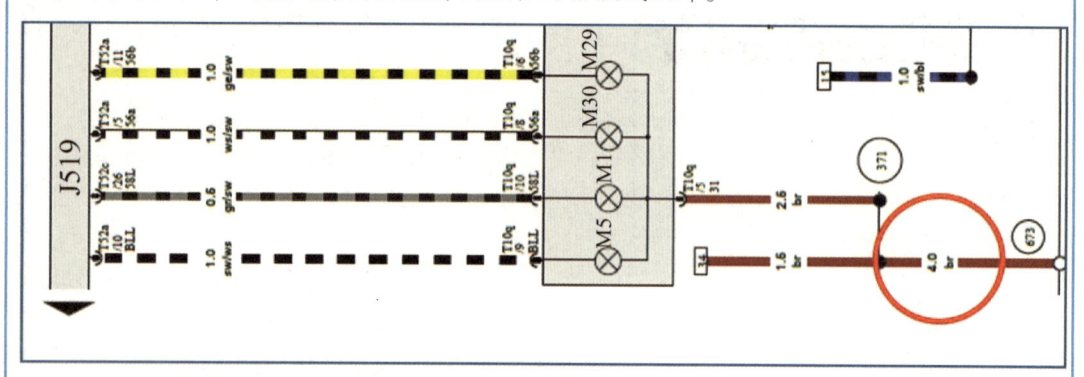

（将跨接线插入 T10q/5 端）

第三步：检查左前侧组合灯搭铁线的通断。

左前侧组合灯的搭铁点为接地点 3，在左前纵梁上，关闭点火开关，拔下 10 芯插头。

将跨接线插入 T10q/5 端，校零后用数字万用表测量 T10q/5 端与搭铁点之间的电阻值。T10q/5 端与搭铁点之间的电阻值应小于 1Ω。实测值为 26.8Ω，电阻值异常。

上述实测结果说明左前侧组合灯搭铁线断路。

项目五
灯光系统异常的故障检修

（测量 T10q/5 端与搭铁点之间的电阻值）

（T10q/5 端与搭铁点电阻值的实测值为 26.8Ω）

第四步：维修断路的导线，恢复所拆卸的部件。

第五步：检查故障码，验证左前组合灯和前雾灯是否点亮。

先清除故障码，将灯光开关分别旋转至小灯挡、前照灯挡，再读取故障码，此时无故障码显示。

将灯光开关分别旋转至小灯挡、前照灯挡，左前侧组合灯正常点亮，打开前雾灯开关，前雾灯正常点亮，故障已排除。

（清除故障码，验证灯光系统）

119

项目六 后视镜异常的故障检修

学习目标

完成本项目的学习任务后，能够：

（1）叙述汽车后视镜的功能作用及结构原理。

（2）根据整车电路图绘制出后视镜的电路简图，并分析其控制原理。

（3）查找后视镜相关工作元件的安装位置并能进行拆装。

（4）根据故障现象和查阅资料获取的信息，分析故障原因，并在教师的指导下制定故障诊断方案，完成故障诊断流程的编制。

（5）在教师的指导下，以小组合作的方式，按照拟定的流程和规范操作的要求诊断与排除后视镜异常的故障。

（6）对工作任务的完成情况进行正确评估和反思，制定其他相关故障的诊断流程并实施。

建议学时

12 学时

任务一 后视镜不能上下调节故障诊断与检修

知识目标

（1）掌握后视镜不能上下调节，汽车后视镜异常故障检修的流程和分析方法。

（2）掌握后视镜的工作原理和检修方法。

（3）掌握后视镜异常故障机理。

视频 6-1：后视镜不能上下调节故障诊断与检修

项目六 后视镜异常的故障检修

🛠 能力目标

（1）能使用解码器和云诊断系统进行故障信息的读取，确认后视镜不能上下调节故障现象。

（2）能借助云诊断系统、维修手册等识读电路图，分析后视镜不能上下调节故障产生的可能原因。

（3）能根据故障原因，制定后视镜不能上下调节故障检修方案。

（4）能根据检修方案，依据厂家技术标准，正确使用专用工具完成后视镜不能上下调节故障诊断与排除，准确率达到100%。

💟 素质目标

（1）通过使用解码器和云诊断系统，锻炼学生信息检索和数据分析的能力。

（2）通过使用维修工具，提升学生的安全责任意识和规范操作意识。

（3）通过制定故障诊断流程，锻炼学生团队协作及自主思考的能力。

（4）养成精益求精的工作作风和严谨求实的劳动态度，增强职业荣誉感。

🔨 重点难点

重点	难点
规范使用故障诊断仪、数字万用表对后视镜不能上下调节故障进行诊断	能查阅维修手册，规范制定出后视镜不能上下调节故障的诊断流程

客户描述

一辆2013款迈腾B7轿车，行驶里程为6万千米，客户反映该车近期右侧后视镜不能上下调节。

下面我们根据客户反映的情况，对该车后视镜进行检查和分析。

打开点火开关或起动汽车，调节后视镜时，左侧后视镜正常，右侧后视镜只能左右调节，无法上下调节。

故障分析

调节后视镜时发现，左侧后视镜正常，右侧后视镜只能左右调节，无法上下调节。由于后视镜调节开关可以正常控制左侧后视镜四个方向的调节和右侧后视镜的左右调节，说明后视镜调节开关、J386和通信电路工作正常。由于左右调节电机可以正常工作，因此可以暂时认为调节电机搭铁没有问题。右侧后视镜调节电路如图6-1所示。

汽车综合故障诊断与排除

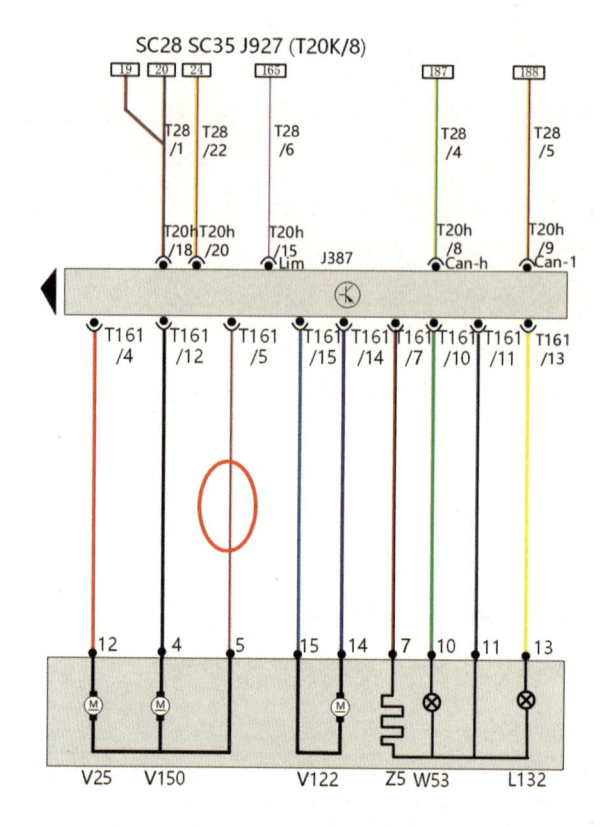

图 6-1　右侧后视镜调节电路

> **实施准备**

安全准备：做好汽车安全防护与准备工作（车轮垫块、举升垫块的安装，座椅四件套、翼子板布的安装，以及机油、冷却液、制动液的检查）。

工具设备：数字万用表、故障诊断仪（红盒子）、无损探针、跨接线若干。

实训汽车：2013 款迈腾 B7 轿车。

辅助资料：汽车原厂维修手册、原厂电路图。

> **实训步骤**

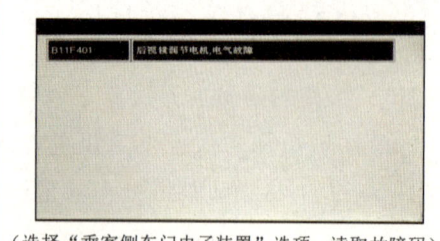

第一步：使用解码器，读取故障码。

打开点火开关，使用解码器，选择"乘客侧车门电子装置"选项，读取故障码，故障码为 B11F401：后视镜调节电机，电气故障。

（选择"乘客侧车门电子装置"选项，读取故障码）

项目六 后视镜异常的故障检修

分析：故障码显示，该故障与右侧后视镜调节电机有关，因此造成右侧后视镜不能调节的主要原因有：

（1）副驾驶员侧车门控制单元 J387 与右侧后视镜调节电机之间的控制信号电路故障。

（2）J387 自身故障。

（3）右侧后视镜调节电机自身故障。

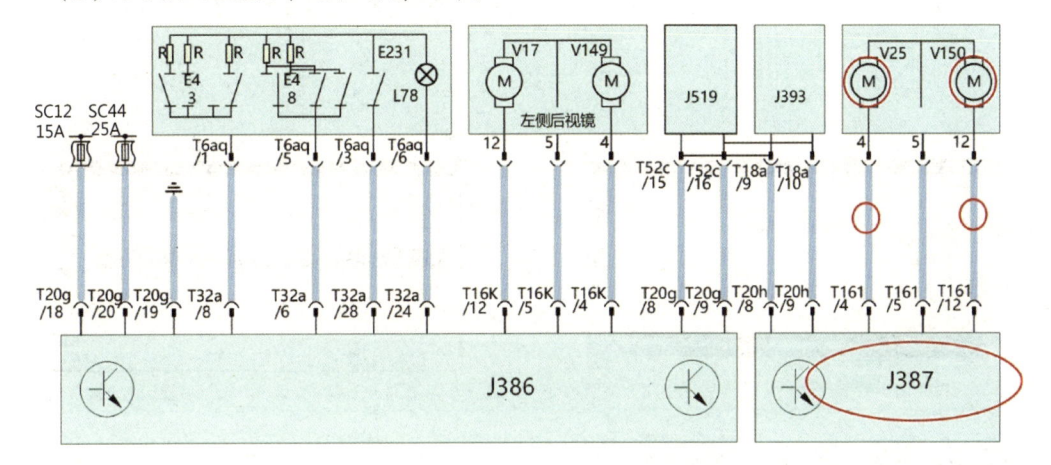

（选择"后视镜向左调节"选项，进行后视镜向左调节检测）

（选择"后视镜向右调节"选项，进行后视镜向右调节检测）

第二步：对右侧后视镜进行功能检测。

打开点火开关，使用解码器进行功能检测。

（1）选择"后视镜向左调节"选项，后视镜向左动作。

（2）选择"后视镜向右调节"选项，后视镜向右动作。

（3）选择"后视镜向上调节"选项，后视镜向上不动作。

（4）选择"后视镜向下调节"选项，后视镜向下不动作。

通过以上对右侧后视镜的功能检测，发现后视镜左右调节动作，上下调节不动作，说明右侧后视镜上下调节电机不能工作，可能的原因有：

（1）J387 与右侧后视镜上下调节电机 V150 之间的控制信号电路故障。

（2）V150 自身故障。

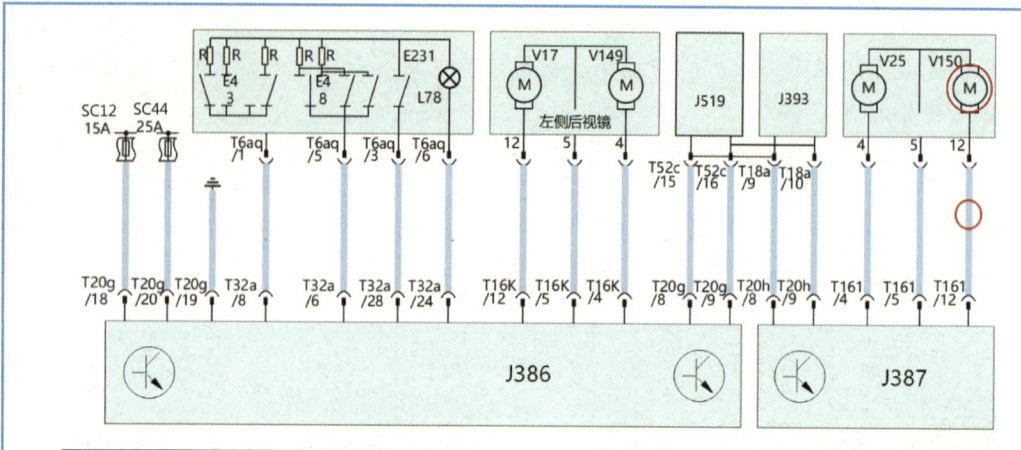

汽车综合故障诊断与排除

(选择"后视镜向上调节"选项，进行后视镜向上调节检测) 　　(选择"后视镜向下调节"选项，进行后视镜向下调节检测)

(拆下右侧后视镜，无损探针夹住 4 端)

(将跨接线插入 T61/12 端)

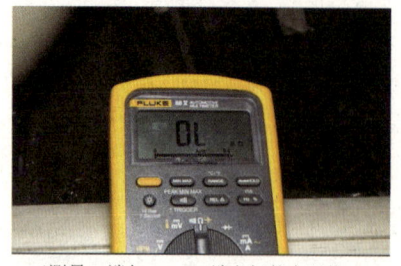

(测量 4 端与 T61/12 端之间的电阻值)

第三步：检查 J387 与 V150 之间控制信号电路的通断。

检查 J387 与 V150 之间控制信号电路的通断。

关闭点火开关，用内饰拆装工具拆下右侧后视镜，用无损探针夹住 4 端。

拆下车门内饰板，拔下 J387 的连接器，拆下壳体，将跨接线插入 T61/12 端，校表后用数字万用表测量 4 端与 T61/12 端之间的电阻值。4 端与 T61/12 端之间的电阻值应小于 1Ω，实测为无穷大。

上述实测结果说明 J387 与 V150 之间的控制信号电路断路。

项目六
后视镜异常的故障检修

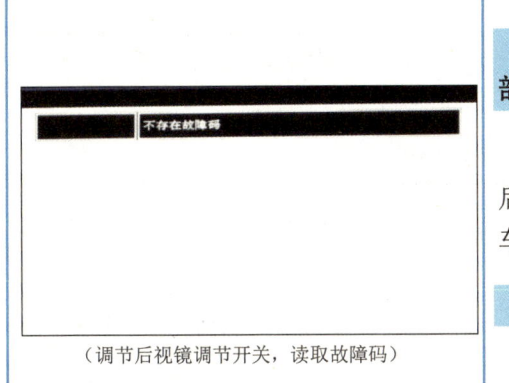

（不存在故障码） （调节后视镜调节开关，读取故障码）	**第四步：维修断路的导线，恢复所拆卸的部件。** 安装 J387 连接器，安装右侧后视镜，调节后视镜调节开关，右侧后视镜能上下调节，安装车门内饰板。 **第五步：调节后视镜调节开关，检查故障码。** 先清除故障码，调节后视镜调节开关，再读取故障码，此时无故障码显示，故障已排除。

任务二　后视镜调节混乱故障诊断与检修

🖥 知识目标

（1）掌握后视镜调节混乱，汽车后视镜异常故障检修的流程和分析方法。

（2）掌握后视镜的工作原理和检修方法。

（3）掌握后视镜异常故障机理。

视频 6-2：后视镜调节混乱故障诊断与排除

🛠 能力目标

（1）能使用解码器和云诊断系统进行故障信息的读取，确认后视镜调节混乱故障现象。

（2）能借助云诊断系统、维修手册等识读电路图，分析后视镜调节混乱故障产生的可能原因。

（3）能根据故障原因，制定后视镜调节混乱故障检修方案。

（4）能根据检修方案，依据厂家技术标准，正确使用专用工具完成后视镜调节混乱故障诊断与排除，准确率达到 100%。

💗 素质目标

（1）通过使用解码器和云诊断系统，锻炼学生信息检索和数据分析的能力。

（2）通过使用维修工具，提升学生的安全责任意识和规范操作意识。

（3）通过制定故障诊断流程，锻炼学生团队协作及自主思考的能力。

（4）养成精益求精的工作作风和严谨求实的劳动态度，增强职业荣誉感。

125

汽车综合故障诊断与排除

重点难点

重点	难点
规范使用故障诊断仪、数字万用表对后视镜调节混乱故障进行诊断	能查阅维修手册，规范制定出后视镜调节混乱故障的诊断流程

客户描述

一辆 2013 款迈腾 B7 轿车，行驶里程为 12 万千米，客户反映该车近期后视镜调节混乱。

下面我们根据客户反映的情况，对该车后视镜进行检查和分析。

打开点火开关或起动汽车，调节后视镜时，左侧、右侧后视镜均调节混乱。

故障分析

调节后视镜时，左侧后视镜和右侧后视镜都可以调节，但左侧后视镜和右侧后视镜都调节混乱，说明后视镜调节电机没有问题。后视镜调节开关电路如图 6-2 所示。

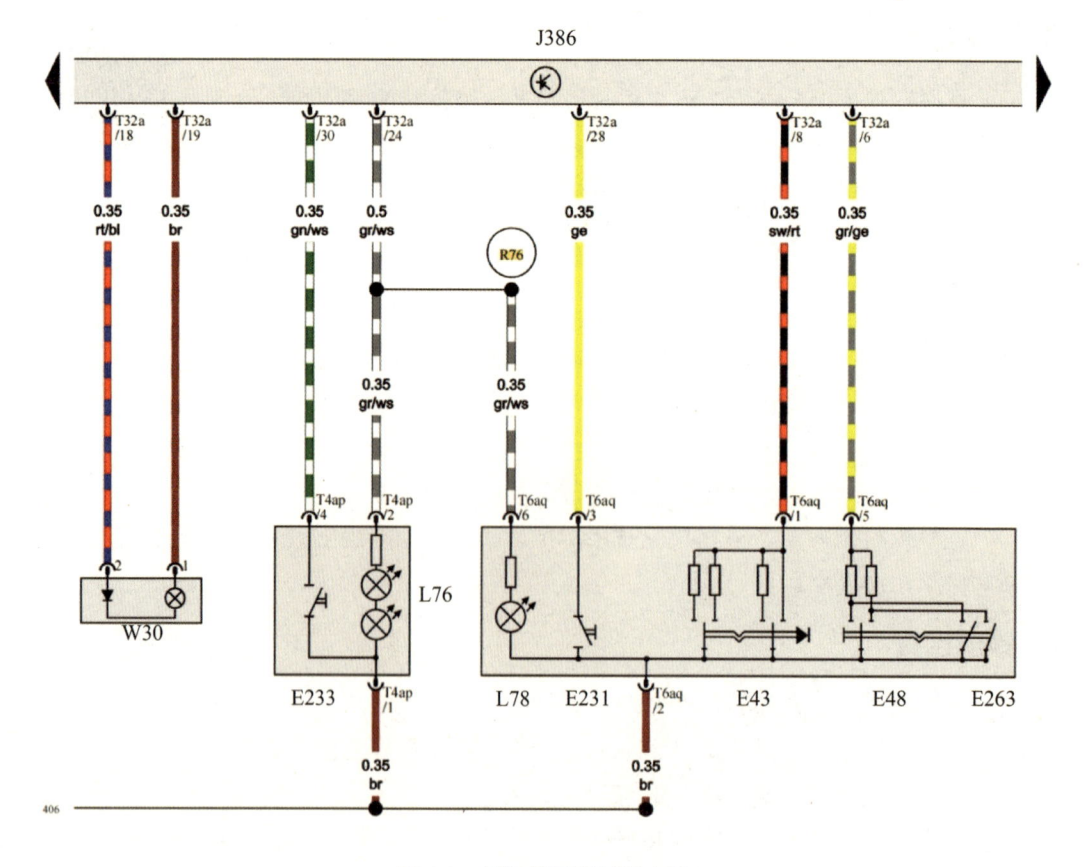

图 6-2　后视镜调节开关电路

项目六
后视镜异常的故障检修

实施准备

安全准备：做好汽车安全防护与准备工作（车轮垫块、举升垫块的安装，座椅四件套、翼子板布的安装，以及机油、冷却液、制动液的检查）。

工具设备：数字万用表、故障诊断仪（红盒子）、跨接线若干。

实训汽车：2013 款迈腾 B7 轿车。

辅助资料：汽车原厂维修手册、原厂电路图。

实训步骤

第一步：使用解码器，读取故障码。

打开点火开关，使用解码器，选择"驾驶员侧车门电子装置"选项，读取故障码，故障码为 B11F329：后视镜调节开关，不可信信号。

（选择"驾驶员侧车门电子装置"选项，读取故障码）

分析：故障码显示，该故障与后视镜调节开关有关，J386 接收到错误的后视镜调节开关信号，因此造成后视镜调节混乱的主要原因有：

（1）后视镜调节开关 E43 自身故障。
（2）E43 到 J386 的电路故障。
（3）J386 自身故障。

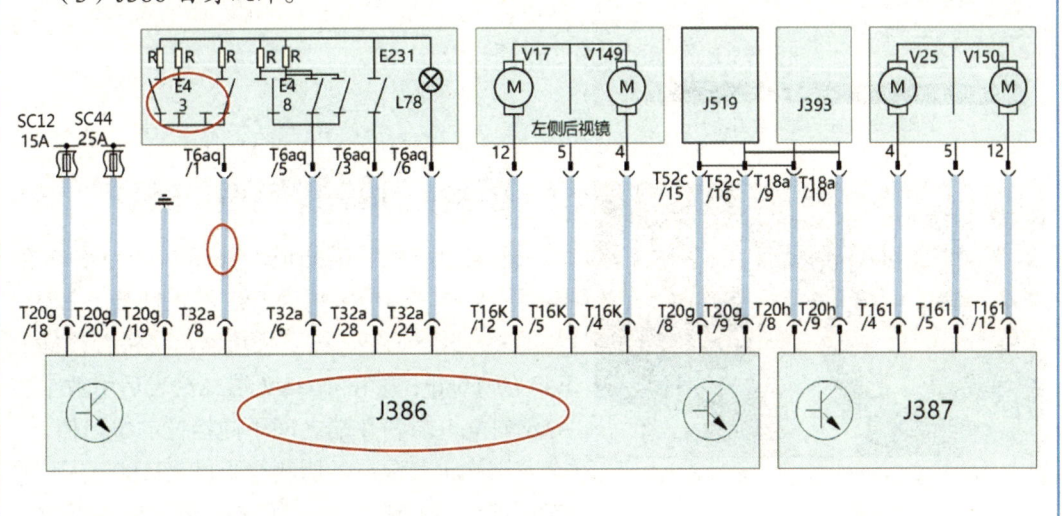

127

汽车综合故障诊断与排除

（读取后视镜向左调节数据流）

（读取后视镜向右调节数据流）

（读取后视镜向上调节数据流）

（读取后视镜向下调节数据流）

（将跨接线插入 E43 的 T6aq/1 端和 T6aq/2 端）

第二步：读取后视镜调节数据流，验证故障码的真实性。

打开点火开关，使用解码器进入驾驶员电动门模块，读取后视镜调节数据流。

（1）后视镜向左调节，数据显示左侧位置（正常）。

（2）后视镜向右调节，数据显示左侧位置（异常）。

（3）后视镜向上调节，数据显示中央位置（异常）。

（4）后视镜向下调节，数据显示右侧位置（异常）。

通过以上数据流可以看出，除了向左调节数据显示正常，其他方向调节数据都显示异常。根据后视镜调节开关的结构与工作原理，在不同的挡位串联不同的电阻，可以改变方波脉冲信号的幅值，J386 接收到不同的方波脉冲信号，从而控制后视镜做出相应的动作。

以上数据异常，说明 J386 没有接收到相应动作的方波脉冲信号，可能的原因为 E43 自身故障。

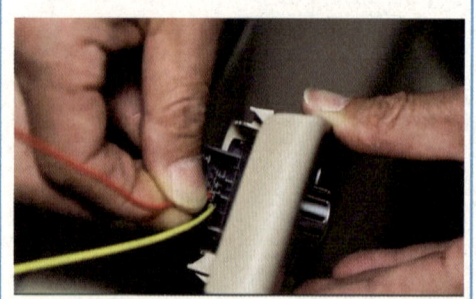

第三步：测量 E43 各挡位的电阻值。

根据电路图我们知道，T6aq/1 端为 E43 的控制信号端，T6aq/2 端为 E43 的搭铁端。关闭点火开关，拆下 E43，拔下插接器，将跨接线插入 E43 的 T6aq/1 端和 T6aq/2 端，校表后用数字万用表测量 1 端和 2 端之间不同挡位的电阻值。

开关向上调节，所测电阻值为 100Ω；开关向下调节，所测电阻值为 1Ω；开关向左调节，所测电阻值为 82kΩ；开关向右调节，所测电阻

项目六
后视镜异常的故障检修

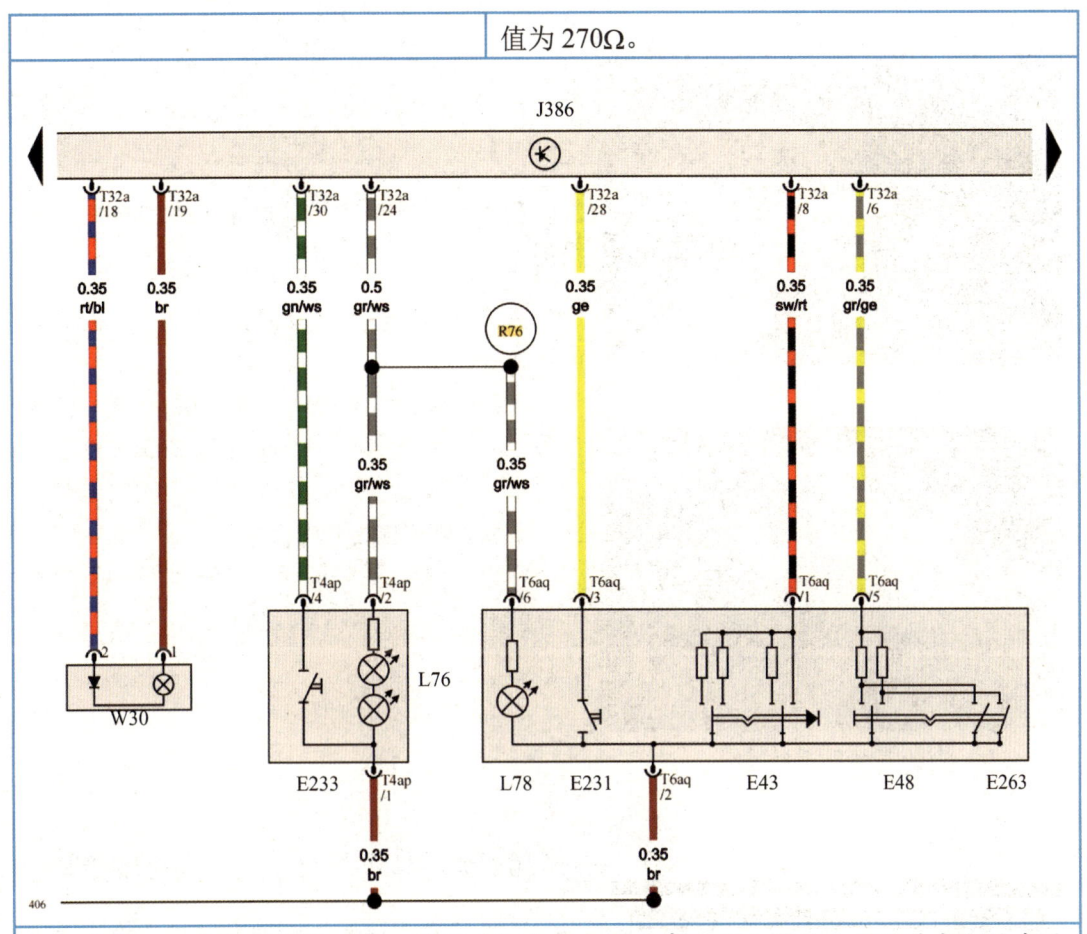

值为270Ω。

分析：以上实测结果正常，说明开关内部电阻正常，那么是什么原因造成电路中的电阻异常，使J386接收到错误的控制开关信号呢？一种可能是T6aq/1端到T32a/8端的电路有电阻串入；另一种可能是J386自身故障，所以故障可能的原因有：

（1）E43到J386的电路故障。

（2）J386自身故障。

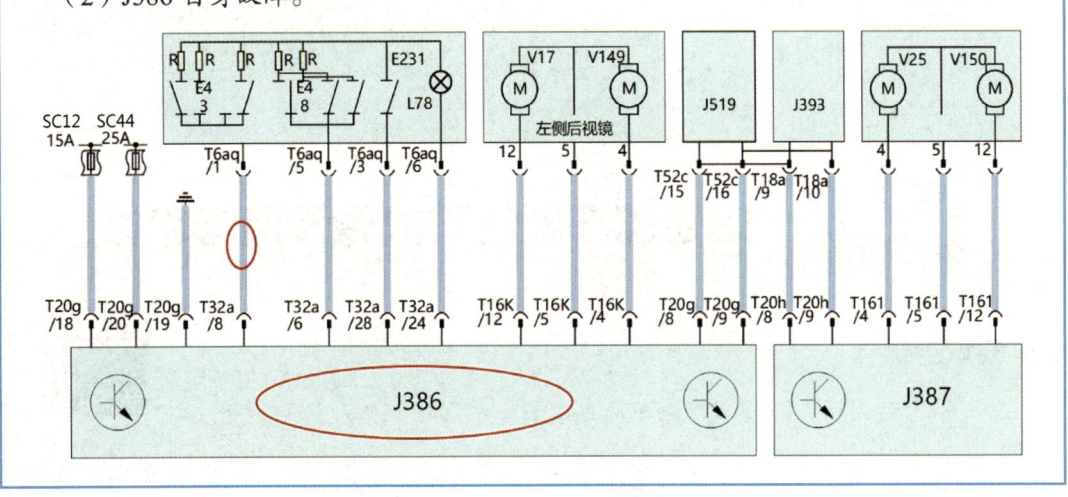

（将跨接线插入 T32a/8 端）

第四步：测量 T6aq/1 端与 T32a/8 端之间电路的通断。

拆下驾驶员侧车门内饰板，拔下 J386 的 32 芯插接器。

将跨接线插入 T32a/8 端和 T6aq/1 端，校表后用数字万用表测量 T6aq/1 端与 T32a/8 端之间的电阻值。T6aq/1 端与 T32a/8 端之间的电阻值应小于 1Ω，实测为 420Ω。

以上实测结果说明 T6aq/1 端到 T32a/8 端的电路有电阻串入，E43 到 J386 的电路故障。

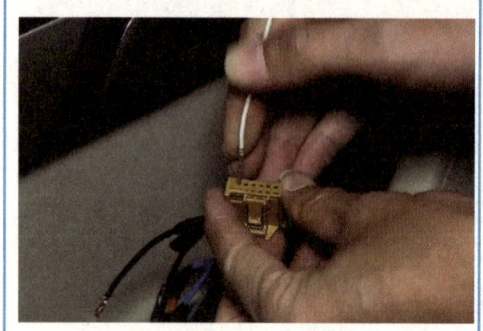

（将跨接线插入 T6aq/1 端）

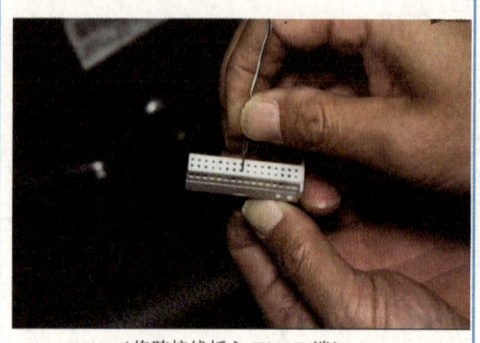

（调节后视镜调节开关，读取故障码）

第五步：维修故障线路，恢复所拆卸的部件。

安装 J386 插接器，安装 E43 插接器，调节后视镜调节开关，左侧和右侧后视镜可以正常调节，安装车门内饰板。

第六步：调节后视镜调节开关，检查故障码。

先清除故障码，调节后视镜调节开关，再读取故障码，此时无故障码显示，故障已排除。

任务三　后视镜不能调节故障诊断与检修

知识目标

（1）掌握后视镜不能调节，汽车后视镜异常故障检修的流程和分析方法。

视频 6-3：后视镜不能调节故障诊断与检修

（2）掌握后视镜的工作原理和检修方法。

（3）掌握后视镜异常故障机理。

⚒ 能力目标

（1）能使用解码器和云诊断系统进行故障信息的读取，确认后视镜不能调节故障现象。

（2）能借助云诊断系统、维修手册等识读电路图，分析后视镜不能调节故障产生的可能原因。

（3）能根据故障原因，制定后视镜不能调节故障检修方案。

（4）能根据检修方案，依据厂家技术标准，正确使用专用工具完成后视镜不能调节故障诊断与排除，准确率达到100%。

素质目标

（1）通过使用解码器和云诊断系统，锻炼学生信息检索和数据分析的能力。

（2）通过使用维修工具，提升学生的安全责任意识和规范操作意识。

（3）通过制定故障诊断流程，锻炼学生团队协作及自主思考的能力。

（4）养成精益求精的工作作风和严谨求实的劳动态度，增强职业荣誉感。

重点难点

重点	难点
规范使用故障诊断仪、数字万用表对后视镜不能调节故障进行诊断	能查阅维修手册，规范制定出后视镜不能调节故障的诊断流程

客户描述

一辆2013款迈腾B7轿车，行驶里程为8万千米，客户反映该车近期右侧后视镜不能调节。

下面我们根据客户的反映，对该车后视镜进行检查和分析。

打开点火开关或起动汽车，调节后视镜时，左侧后视镜调节正常，右侧后视镜不能调节，右侧车窗升降正常。

故障分析

调节后视镜时，左侧后视镜可正常调节，右侧后视镜既不能左右调节，又不能上下调节。由于后视镜调节开关可以正常控制左侧后视镜四个方向的调节，右侧车窗也可以正常升降，说明后视镜调节开关、J386和通信线路工作正常。后视镜调节电路如图6-3所示。

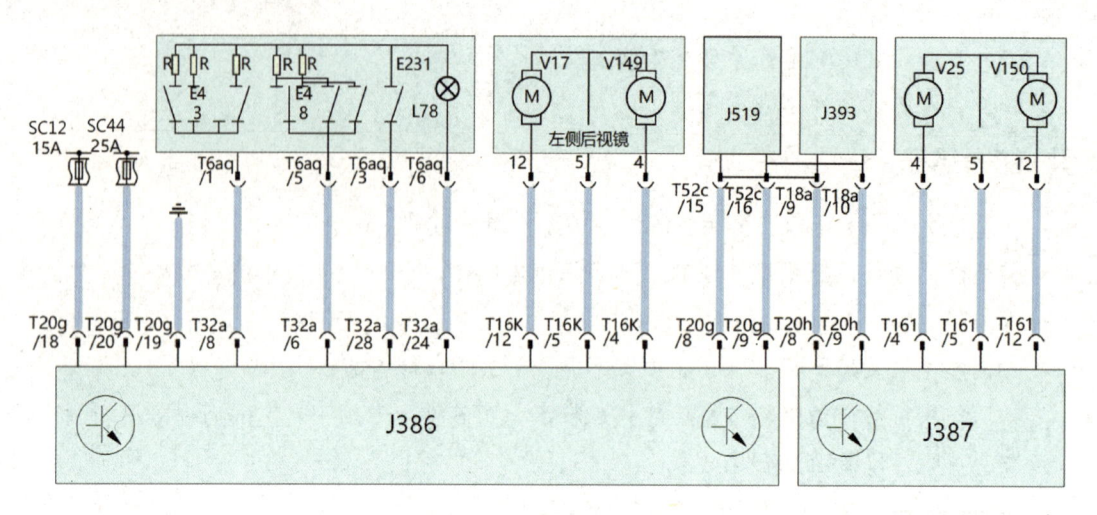

汽车综合故障诊断与排除

图 6-3 后视镜调节电路

实施准备

安全准备：做好汽车安全防护与准备工作（车轮垫块、举升垫块的安装，座椅四件套、翼子板布的安装，以及机油、冷却液、制动液的检查）。

工具设备：数字万用表、故障诊断仪（红盒子）、跨接线若干。

实训汽车：2013 款迈腾 B7 轿车。

辅助资料：汽车原厂维修手册、原厂电路图。

实训步骤

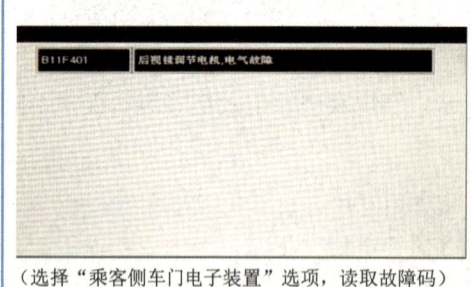

（选择"乘客侧车门电子装置"选项，读取故障码）

第一步：使用解码器，读取故障码。

打开点火开关，使用解码器，选择"乘客侧车门电子装置"选项，读取故障码，故障码为 B11F401：后视镜调节电机，电气故障。

分析：故障码显示，该故障与右侧后视镜调节电机有关，因此造成右侧后视镜不能调节的主要原因有：

（1）J387 与右侧后视镜调节电机之间的电路故障。

（2）J387 自身故障。

（3）右侧后视镜调节电机自身故障。

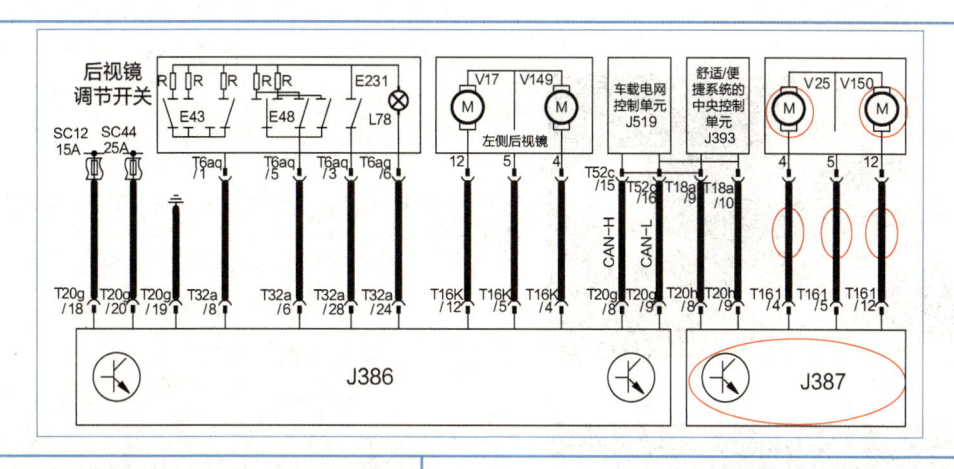

项目六
后视镜异常的故障检修

（使用解码器对右侧后视镜进行向左功能检测）

（使用解码器对右侧后视镜进行向右功能检测）

（使用解码器对右侧后视镜进行向上功能检测）

（使用解码器对右侧后视镜进行向下功能检测）

第二步：对右侧后视镜进行功能检测。

打开点火开关，使用解码器进行功能检测。

（1）选择"后视镜向左调节"选项，后视镜向左不动作。

（2）选择"后视镜向右调节"选项，后视镜向右不动作。

（3）选择"后视镜向上调节"选项，后视镜向上不动作。

（4）选择"后视镜向下调节"选项，后视镜向下不动作。

通过以上对右侧后视镜的功能检测，发现后视镜左右调节不动作，上下调节也不动作，可能的原因有：

（1）右侧后视镜调节电机公共搭铁线故障。

（2）J387与右侧后视镜调节电机之间的控制信号电路故障。

（3）J387自身故障。

（4）右侧后视镜调节电机自身故障。

133

汽车综合故障诊断与排除

（将跨接线插入 T61/5 端）

（无损探针夹住 5 端）

第三步：测量右侧后视镜调节电机公共搭铁线的通断。

关闭点火开关，用内饰拆装工具拆下右侧后视镜，用无损探针夹住 5 端。

拆下车门内饰板，拔下 J387 连接器，拆下壳体，将跨接线插入 T61/5 端，校表后用数字万用表测量 5 端与 T61/5 端之间的电阻值。

5 端与 T61/5 端之间的电阻值应小于 1Ω，实测为无穷大，说明 J387 与右侧后视镜调节电机之间的公共搭铁线断路。

（调节后视镜调节开关，读取故障码）

第四步：维修断路导线，恢复所拆卸的部件。

安装 J387 连接器，安装右侧后视镜，调节后视镜调节开关，右侧后视镜能正常调节，安装车门内饰板。

第五步：调节后视镜调节开关，检查故障码。

先清除故障码，调节后视镜调节开关，再读取故障码，此时无故障码显示，故障已排除。

项目 七

车窗异常的故障检修

学习目标

完成本项目的学习任务后，能够：

（1）叙述汽车车窗的功能作用及结构原理。

（2）根据整车电路图绘制出汽车车窗的电路简图，并分析其控制原理。

（3）查找车窗相关工作元件的安装位置并能进行拆装。

（4）根据故障现象和查阅资料获取的信息，分析故障原因，并在教师的指导下制定故障诊断方案，完成故障诊断流程的编制。

（5）在教师的指导下，以小组合作的方式，按照拟定的流程和规范操作的要求诊断与排除车窗异常的故障。

（6）对工作任务的完成情况进行正确评估和反思，制定其他相关故障的诊断流程并实施。

建议学时

12 学时

任务一 主控开关不能控制后车窗故障诊断与检修

知识目标

（1）掌握主控开关不能控制后车窗，汽车车窗异常故障检修的流程和分析方法。

（2）掌握主控开关的工作原理和检修方法。

视频 7-1：主控开关不能控制后车窗故障诊断与检修

（3）掌握车窗异常故障机理。

⚒ 能力目标

（1）能使用解码器和云诊断系统进行故障信息的读取，确认主控开关不能控制后车窗故障现象。

（2）能借助云诊断系统、维修手册等识读电路图，分析主控开关不能控制后车窗故障产生的可能原因。

（3）能根据故障原因，制定仪表灯故障检修方案。

（4）能根据检修方案，依据厂家技术标准，正确使用专用工具完成主控开关不能控制后车窗故障诊断与排除，准确率达到100%。

素质目标

（1）通过使用解码器和云诊断系统，锻炼学生信息检索和数据分析的能力。

（2）通过使用维修工具，提升学生的安全责任意识和规范操作意识。

（3）通过制定故障诊断流程，锻炼学生团队协作及自主思考的能力。

（4）养成精益求精的工作作风和严谨求实的劳动态度，增强职业荣誉感。

重点难点

重点	难点
规范使用故障诊断仪、数字万用表对主控开关不能控制后车窗故障进行诊断	能查阅维修手册，规范制定出主控开关不能控制后车窗故障的诊断流程

客户描述

一辆2013款迈腾B7轿车，行驶里程为6万千米，客户反映该车近期主控开关不能控制后车窗。

下面我们根据客户的反映，对该车窗进行检查和分析。

驾驶人侧的主控开关无法控制右后车窗玻璃升降器工作，其他车窗玻璃升降器工作正常；操作中控锁按钮或遥控器，除右后车门外，其余车门均可落锁；打开右后车门，仪表盘不显示。

故障分析

由于驾驶人侧的玻璃升降器开关无法控制右后车窗玻璃升降器工作，加之关闭所有车门，仪表中显示右后车门为开启状态，中控锁和遥控器均无法使右后车门落锁，说明右后车门控制单元J927与J387之间的通信电路故障，造成J927始终处于休眠状态。如果系统有故障码提示，就按照故障码指示的内容进行诊断；如果系统没有故障码，就需要根据故障现象进行诊断。车窗调节电路如图7-1所示。

项目七
车窗异常的故障检修

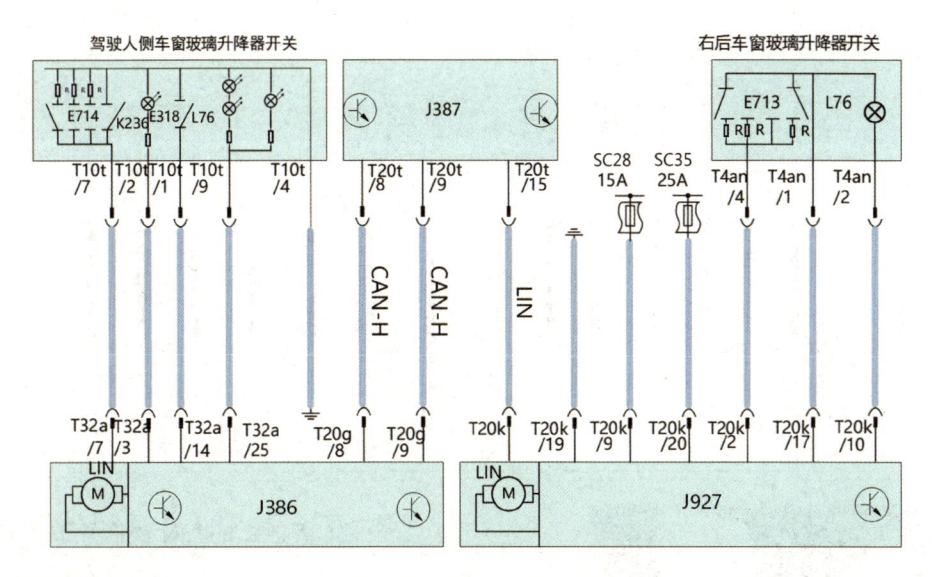

图 7-1 车窗调节电路

实施准备

安全准备：做好汽车安全防护与准备工作（车轮垫块、举升垫块的安装，座椅四件套、翼子板布的安装，以及机油、冷却液、制动液的检查）。
工具设备：数字万用表、故障诊断仪（红盒子）、无损探针、示波器、跨接线若干。
实训汽车：2013 款迈腾 B7 轿车。
辅助资料：汽车原厂维修手册、原厂电路图。

实训步骤

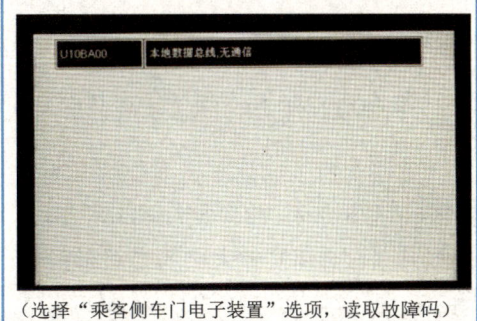

第一步：使用解码器，读取故障码。

打开点火开关，使用解码器，选择"乘客侧车门电子装置"选项，读取故障码，故障码为 U10BA00：本地数据总线，无通信。

（选择"乘客侧车门电子装置"选项，读取故障码）

分析：根据故障码可以看出，J387 与 J927 之间 LIN 线有故障，从而影响 J387 与 J927 之间的通信，导致右后门的所有功能失效。其他车门功能正常，说明 J387 供电、搭铁及相应的控制电路没有问题，造成故障的主要原因有：
（1）J387 自身故障。
（2）J387 与 J927 之间的通信电路故障。

137

（3）J927自身故障或电源电路故障。

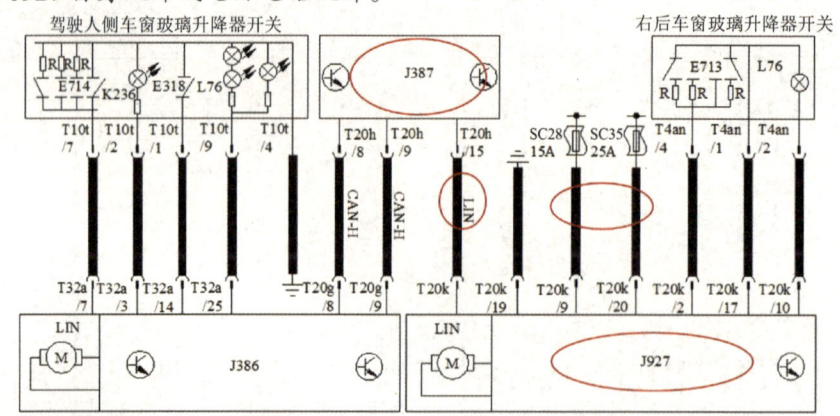

(电路图)

（无损探针夹住J387的T20/15端）

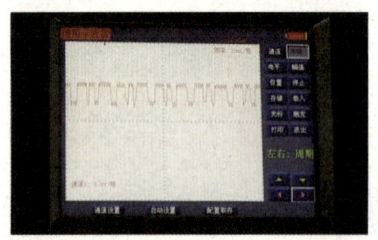

（测量J387的T20h/15端对搭铁的波形）

第二步：检查J387的LIN线信号是否正常。

关闭点火开关，拆下右前车门内饰板，用无损探针夹住紫白色线对应的J387的T20/15端，打开点火开关，操作驾驶人侧的右后车门玻璃升降器开关，用示波器测量J387的T20h/15端对搭铁的波形，将示波器黄色表笔插入无损探针，另一表笔接触搭铁。在正常情况下，应测得方波脉冲信号，实测结果正常。

T20h/15端会发出方波脉冲信号，说明J387自身没有故障，可能的原因有：

（1）J387与J927之间的通信电路故障。

（2）J927自身故障或电源电路故障。

（将跨接线插入T20k/8端）

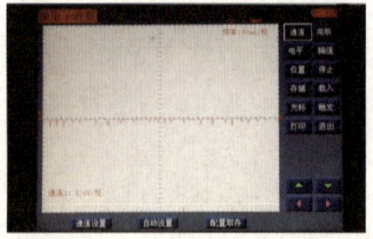

（测量J927的T20k/8端对搭铁的波形）

第三步：检查J927的LIN线信号是否正常。

关闭点火开关，拆下右后车门内饰板，拔下J927的连接器，拆下壳体，将跨接线插入T20k/8端，打开点火开关，操作驾驶人侧的右后车门玻璃升降器开关，用示波器测量J927连接器线束端T20k/8端对搭铁的波形。在正常情况下，应测得如左图所示的波形，实测为直线（0V）。

信号没有传递到J927线束端T20k/8端，说明J387与J927之间LIN线故障。

项目七
车窗异常的故障检修

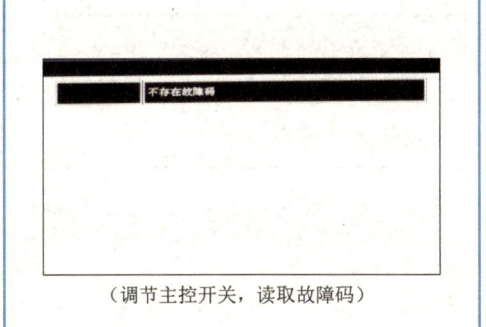

	第四步：维修故障线路，恢复所拆卸的部件。
（调节主控开关，读取故障码）	安装 J387 连接器，安装 J927 连接器，调节主控开关，能正常控制右后车窗，安装右侧前后车门内饰板。
	第五步：调节主控开关，检查故障码。
	先清除故障码，调节主控开关，再读取故障码，此时无故障码显示，故障已排除。

任务二　右侧车门所有电器失效故障诊断与检修

🖥 知识目标

（1）掌握右侧车门所有电器失效，汽车车窗异常故障检修的流程和分析方法。

（2）掌握车窗的工作原理和检修方法。

（3）掌握车窗异常故障机理。

视频 7-2：右侧车门所有电器失效故障诊断与检修

🔧 能力目标

（1）能使用解码器和云诊断系统进行故障信息的读取，确认右侧车门所有电器失效故障现象。

（2）能借助云诊断系统、维修手册等识读电路图，分析右侧车门所有电器故障产生的可能原因。

（3）能根据故障原因，制定右侧车门所有电器故障检修方案。

（4）能根据检修方案，依据厂家技术标准，正确使用专用工具完成右侧车门所有电器故障诊断与排除，准确率达到 100%。

💓 素质目标

（1）通过使用解码器和云诊断系统，锻炼学生信息检索和数据分析的能力。

（2）通过使用维修工具，提升学生的安全责任意识和规范操作意识。

（3）通过制定故障诊断流程，锻炼学生团队协作及自主思考的能力。

（4）养成精益求精的工作作风和严谨求实的劳动态度，增强职业荣誉感。

重点难点

重点	难点
规范使用故障诊断仪、数字万用表对右侧车门所有电器失效故障进行诊断	能查阅维修手册，规范制定出右侧车门所有电器失效故障的诊断流程

客户描述

一辆 2013 款迈腾 B7 轿车，行驶里程为 8 万千米，客户反映该车近期右侧车门所有电器失效。

下面我们根据客户的反映，对该车右侧车门进行检查和分析。

打开点火开关或起动汽车，驾驶人侧玻璃升降器开关无法操作右侧前、后车窗玻璃升降器的升降，但是可以正常控制左侧前、后车窗玻璃升降器的升降；同时关闭所有车门后，操作中控锁按钮和遥控器落锁，右侧前、后车门无法落锁，其他车门正常；调节后视镜调节开关，右侧后视镜无法调节；向右拨动转向灯开关，右侧后视镜上的转向指示灯无法正常工作。

故障分析

右侧车门上的所有电器均失效，说明 J387 无法接收来自 J386、J519、J393 的控制信号。车门调节电路如图 7-2 所示。

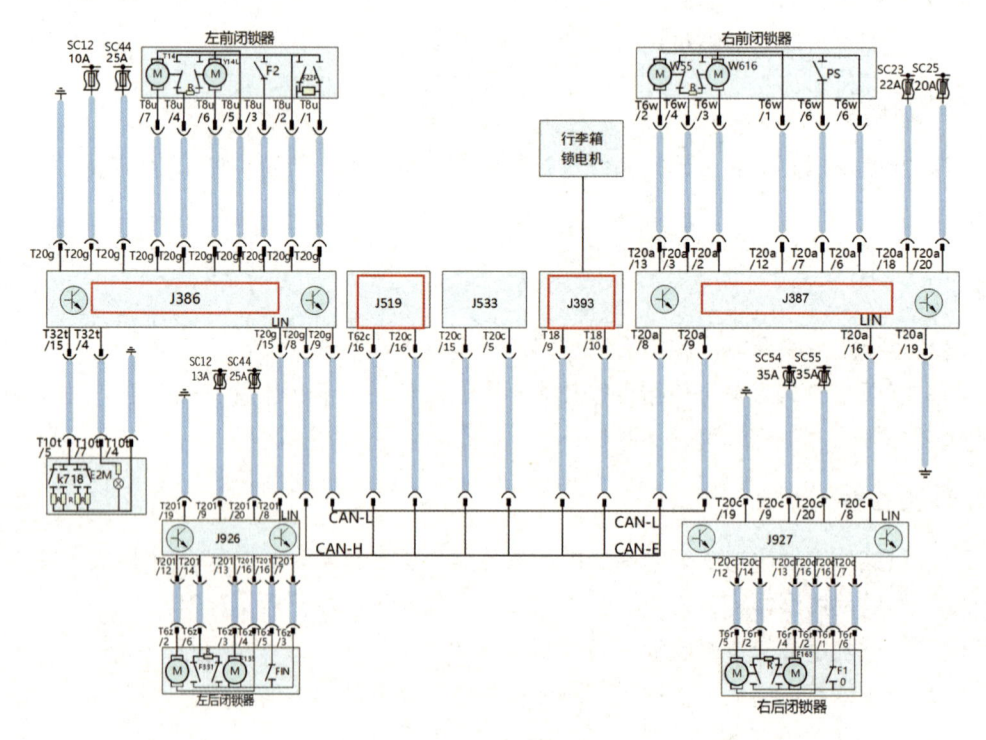

图 7-2　车门调节电路

项目七 车窗异常的故障检修

J387、J927 都无法接收到点火开关信号或唤醒指令，因此右侧车窗玻璃升降器开关也无法控制。如果系统有故障码提示，就按照故障码指示的内容进行诊断；如果没有故障码，就需要根据故障现象进行诊断。车窗调节电路如图 7-3 所示。

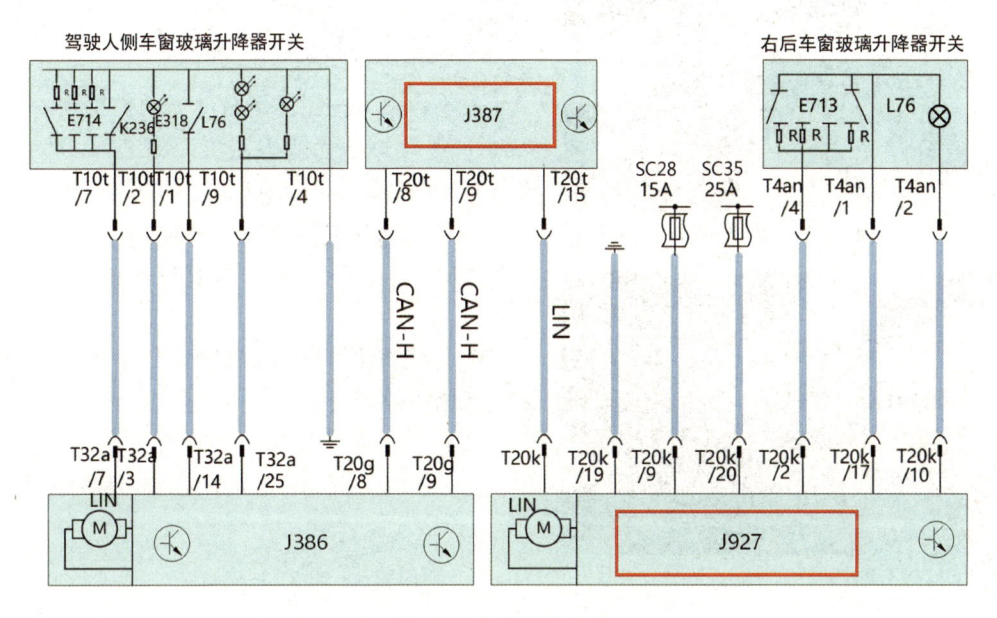

图 7-3　车窗调节电路

实施准备

安全准备：做好汽车安全防护与准备工作（车轮垫块、举升垫块的安装，座椅四件套、翼子板布的安装，以及机油、冷却液、制动液的检查）。

工具设备：数字万用表、故障诊断仪（红盒子）、示波器、无损探针、跨接线若干。

实训汽车：2013 款迈腾 B7 轿车。

辅助资料：汽车原厂维修手册、原厂电路图。

实训步骤

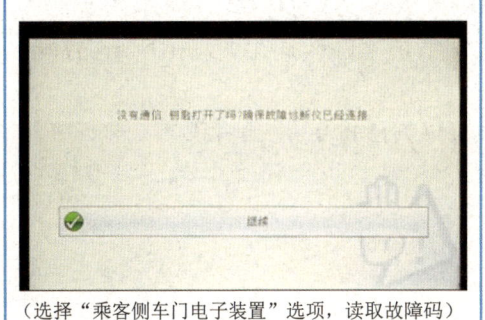

（选择"乘客侧车门电子装置"选项，读取故障码）

第一步：使用解码器，读取故障码。

打开点火开关，使用解码器，选择"乘客侧车门电子装置"选项，显示没有通信，也就是解码器无法与 J387 进行通信。

造成该故障的主要原因有：

（1）J387 自身及其电源电路故障。

（2）J386 到 J387 之间的 CAN 总线故障。

(测量 J387 的 T20h/18 端和 T20h/19 端之间的电压)

(测量 J387 的 T20h/20 端和 T20h/19 端之间的电压)

第二步：检查 J387 供电及搭铁。

关闭点火开关，拆下右前车门内饰板，打开点火开关，用数字万用表测量 J387 的 T20h/18 端和 T20h/19 端之间的电压，用数字万用表测量 J387 的 T20h/20 端和 T20h/19 端之间的电压。在正常情况下，电压应为蓄电池电压+B，实测结果正常。

以上实测结果说明 J387 的电源电路没有故障，可能的原因有：

（1）J387 自身故障。

（2）J386 到 J387 之间的 CAN 总线故障。

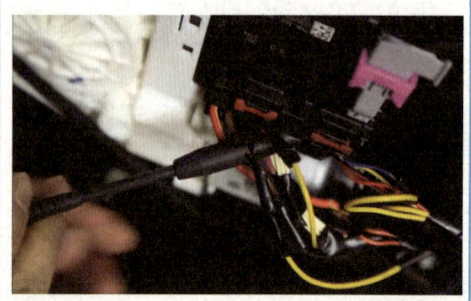

(无损探针插入 J387 一侧的 CAN-H 端、CAN-L 端)

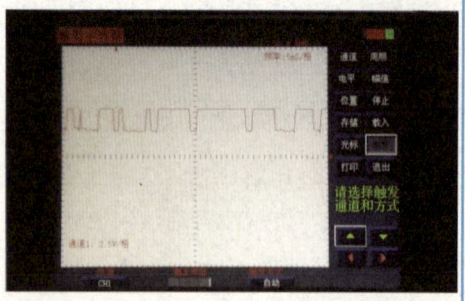

(测量 CAN-H 端、CAN-L 端对搭铁的波形)

第三步：检查 J387 自身 CAN 信号是否正常。

由于 CAN 总线信息传递的双向性，即使在断开 J387 的 CAN-H 端与 CAN-L 端连接线的情况下，只要有电源供给，J387 上的 CAN-H 端、CAN-L 端就应该有输出波形。

因此，用无损探针插入 J387 一侧的 CAN-H 端、CAN-L 端，打开点火开关，用示波器测量 CAN-H 端、CAN-L 端对搭铁的波形。

在正常情况下，应测得如左图所示的标准波形，实测正常。

由此可以判断出 J387 自身没有故障，可能的原因为 J386 到 J387 之间的 CAN 总线故障。

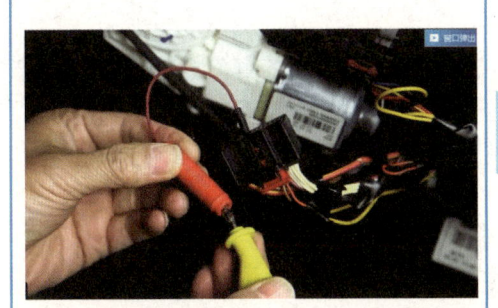

项目七
车窗异常的故障检修

(无损探针插入 T20h/8 端和 T20/9 端)

(测量 CAN-H 端、CAN-L 端的信号波形)

(操作右侧车门相关开关，读取故障码)

第四步：检查 J386 发出的 CAN 总线信号是否传递到 J387。

关闭点火开关，拔下 J387 的连接器，打开点火开关，用无损探针插入 T20h/8 端和 T20/9 端，反复操作中控门锁开关、后视镜调节开关和驾驶人左侧除前门外的玻璃升降器开关，用示波器测量 CAN-H 端、CAN-L 端的信号波形。

在正常情况下，应测得如左图所示的波形，实测为一条直线（0V），波形异常。

由于 J386 发出的 CAN 总线信号没有传递到 J387，说明 J386 到 J387 之间的 CAN 总线故障。

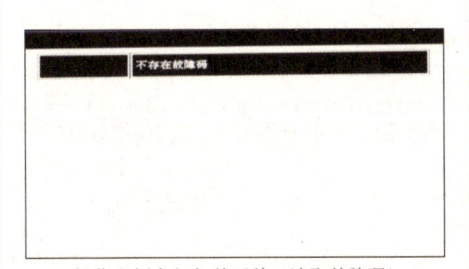

第五步：维修故障线路，恢复所拆卸的部件。

安装 J387 连接器，检查右侧车门上的所有功能是否恢复，安装右前车门内饰板。

第六步：操作右侧车门相关开关，检查故障码。

先清除故障码，操作右侧车门相关开关，再读取故障码，此时无故障码显示，故障已排除。

任务三　右侧车窗玻璃不能升降故障诊断与检修

知识目标

（1）掌握右侧车窗玻璃不能升降，汽车车窗异常故障检修的流程和分析方法。

（2）掌握车窗的工作原理和检修方法。

（3）掌握车窗异常故障机理。

视频 7-3：右侧车窗玻璃不能升降故障诊断与检修

143

能力目标

（1）能使用解码器和云诊断系统进行故障信息的读取，确认右侧车窗玻璃不能升降故障现象。

（2）能借助云诊断系统、维修手册等识读电路图，分析右侧车窗玻璃不能升降故障产生的可能原因。

（3）能根据故障原因，制定右侧车窗玻璃不能升降故障检修方案。

（4）能根据检修方案，依据厂家技术标准，正确使用专用工具完成右侧车窗玻璃不能升降故障诊断与排除，准确率达到100%。

素质目标

（1）通过使用解码器和云诊断系统，锻炼学生信息检索和数据分析的能力。

（2）通过使用维修工具，提升学生的安全责任意识和规范操作意识。

（3）通过制定故障诊断流程，锻炼学生团队协作及自主思考的能力。

（4）养成精益求精的工作作风和严谨求实的劳动态度，增强职业荣誉感。

重点难点

重点	难点
规范使用故障诊断仪、数字万用表对右侧车窗玻璃不能升降故障进行诊断	能查阅维修手册，规范制定出右侧车窗玻璃不能升降故障的诊断流程

客户描述

一辆2013款迈腾B7轿车，行驶里程为14万千米，客户反映该车近期右前车窗玻璃不能升降。

下面我们根据客户的反映，对该车窗进行检查和分析。

驾驶人侧的玻璃升降器开关无法控制右侧前车窗玻璃升降器工作，右侧前车窗玻璃升降器开关也无法控制右前车窗玻璃升降器工作，其他车窗工作正常。

故障分析

由图7-4可知，J387有两条电源线，一条由SC28通过T20h/18端提供弱电，控制闭锁器、玻璃升降器、小灯和后视镜工作；另一条由SC35通过T20h/20端提供强电，控制玻璃升降器工作。

因为所有闭锁器、玻璃升降器、小灯和后视镜工作正常，所以J386与J387之间的CAN线正常，J387与J927之间的LIN线正常，J386与车后门控制单元J926之间的LIN线正常，J386、J387、J926和J927自身正常。

项目七
车窗异常的故障检修

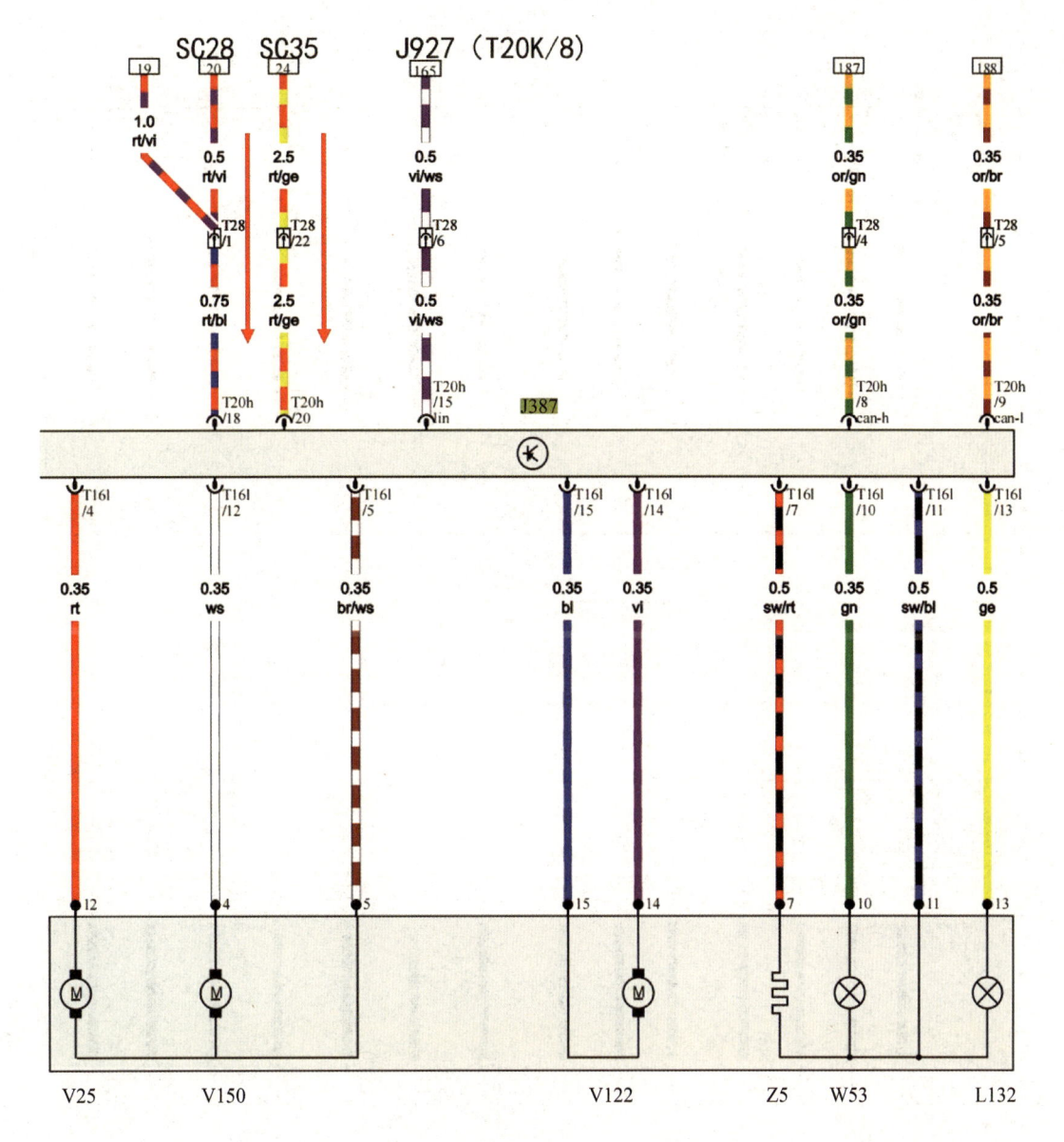

图 7-4　前排乘客侧车门调节电路

车窗调节电路如图 7-5 所示。根据图 7-5 可知，驾驶人侧的玻璃升降器开关无法控制右前车窗玻璃升降器工作，右前玻璃升降器开关也无法控制右前车窗玻璃升降器工作，说明可能的故障原因有：

（1）SC35 故障。

（2）SC35 到 J387 的 T20h/20 端的电源线路故障。

（3）驾驶人侧的玻璃升降器开关故障。

（4）右前玻璃升降器开关故障。

可能的故障原因如图 7-6 所示。

145

汽车综合故障诊断与排除

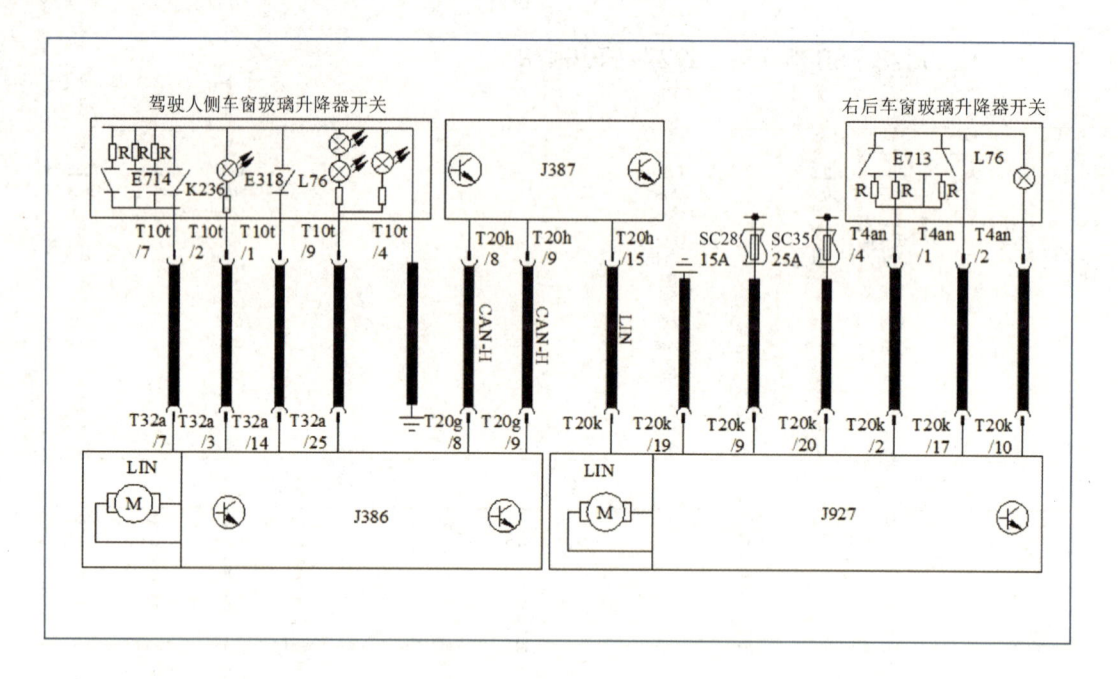

图 7-5　车窗调节电路

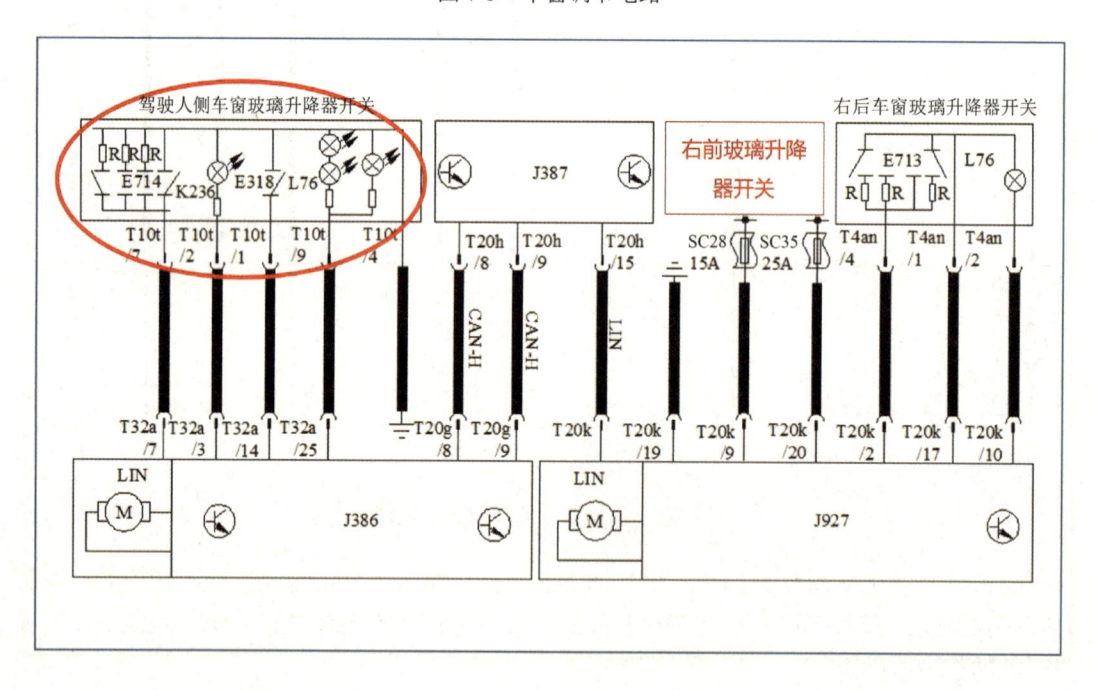

图 7-6　可能的故障原因

如果系统有故障码提示,就按照故障码指示的内容进行诊断;如果系统没有故障码,就需要根据故障现象进行诊断。

项目七
车窗异常的故障检修

实施准备

安全准备：做好汽车安全防护与准备工作（车轮垫块、举升垫块的安装，座椅四件套、翼子板布的安装，以及机油、冷却液、制动液的检查）。

工具设备：数字万用表、故障诊断仪（红盒子）、跨接线若干。

实训汽车：2013 款迈腾 B7 轿车。

辅助资料：汽车原厂维修手册、原厂电路图。

实训步骤

（选择"乘客侧车门电子装置"选项，读取故障码）	**第一步：使用解码器，读取故障码。** 打开点火开关，使用解码器，选择"乘客侧车门电子装置"选项，读取故障码，故障码如下。 B11EC54：前部车窗调节器电机，无基本设置。 U101100：电源电压，电压过低。 根据故障码可以看出，J387 电源电压过低，可能故障原因有： （1）SC35 故障。 （2）SC35 到 J387 的 T20h/20 端的电路故障。
（读取后前车窗调节器上升数据流） （读取右后车窗调节器下降数据流）	**第二步：对右侧车窗进行功能检测并读取车窗调节器数据流，验证故障码的真实性。** 打开点火开关，使用解码器进行功能检测。 （1）选择"前车窗调节器"选项，上下调节，右侧前车窗有动作，正常。 （2）选择"后车窗调节器"选项，上下调节，右侧后车窗有动作，正常。 用解码器读取车窗调节器数据流。 （1）选择"驾驶员侧右前车窗调节器"选项，上下调节，显示自动降挡和升挡，正常。 （2）选择"乘客侧右前车窗调节器"选项，上下调节，显示自动降挡和升挡，正常。

147

汽车综合故障诊断与排除

(读取驾驶员侧右前车窗调节器升挡数据流)

(读取驾驶员侧右前车窗调节器降挡数据流)

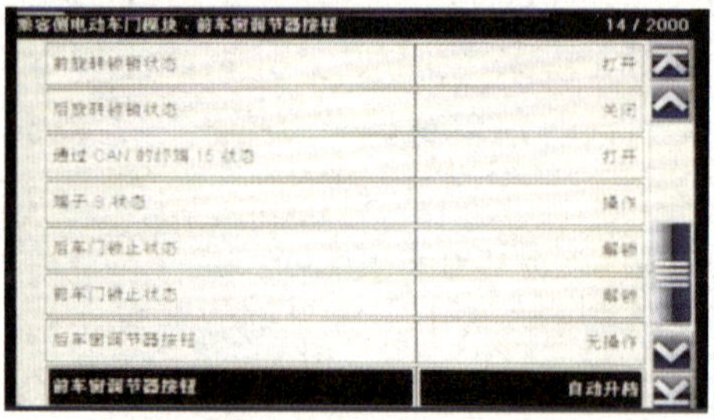

(读取乘客侧右前车窗调节器升挡数据流)

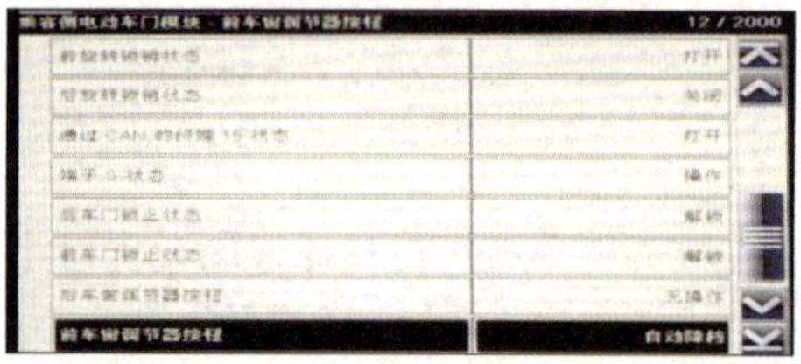

(读取乘客侧右前车窗调节器降挡数据流)

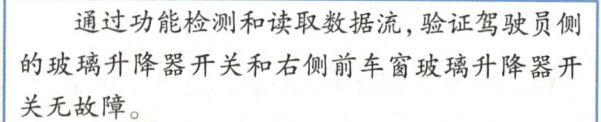

(测量SC35两端与搭铁之间的电压)

　　通过功能检测和读取数据流，验证驾驶员侧的玻璃升降器开关和右侧前车窗玻璃升降器开关无故障。

　　通过功能检测和读取数据流，验证乘客侧的玻璃升降器开关和右侧前车窗玻璃升降器开关无故障，可能故障原因有：

（1）SC35故障。

（2）SC35到J387的T20h/20端的电路故障。

第三步：测量SC35两端与搭铁之间的电压。

　　打开点火开关，分别测量SC35两端与搭铁之间的电压。

　　SC35两端与搭铁之间的电压，应该均为+B，实测均为+B，电压正常。

　　以上实测结果说明可能故障原因为SC35到J387的T20h/20端之间的电路故障。

148

项目七
车窗异常的故障检修

（测量 T20h/20 端和 T20h/19 端之间的电压）	**第四步：测量 J387 的 T20h/20 端和 T20h/19 端之间的电压。** 　　关闭点火开关，拆下右前车门内饰板，拔下 J387 的 T20h 端插接器，将跨接线插入 20 端和 19 端，打开点火开关，用数字万用表测量 J387 的 T20h/20 端和 T20h/19 端之间的电压。 　　J387 的 T20h/20 端和 T20h/19 端之间的电压，应该为+B，实测为 0V。 　　以上实测结果说明 SC35 到 J387 的 T20h/20 端之间的电路故障。
（操作相关开关，读取故障码）	**第五步：维修故障线路，恢复所拆卸的部件。** 　　安装 J387 的 T20h 端插接器，操作主控开关和右前车窗开关能正常控制右前车窗玻璃升降，安装右前车门内饰板。 **第六步：操作相关开关，检查故障码。** 　　先清除故障码，操作主控开关和右侧前车窗开关，再读取故障码，此时无故障码显示，故障已排除。

149

参考文献

[1] 罗文华. 汽车发动机电控系统结构与检修[M]. 上海：上海交通大学出版社，2014.

[2] 罗文华. 汽车电路识图[M]. 上海：上海交通大学出版社，2015.

[3] 罗富坤. 汽车故障诊断与排除实训[M]. 北京：机械工业出版社，2022.

[4] 弋国鹏，魏建平，郑世界. 汽车发动机控制系统及检修[M]. 北京：机械工业出版社，2019.

[5] 王盛良. 汽车发动机电控技术与检修[M]. 北京：机械工业出版社，2017.

[6] 朱翠艳，王飞飞. 汽车发动机电气系统诊断与维修[M]. 北京：电子工业出版社，2023.

[7] 陈宁，张海松. 汽车电路分析与检测[M]. 北京：电子工业出版社，2018.

[8] 欧继宏，李缘忠，潘雪玲，等. 汽车车身电气设备检修[M]. 北京：电子工业出版社，2020.